HISPANIA
GALLIA
ALPES
GERMANIA
SAXONIA
BOHEMIA
ITALIA
SVEVIA
HVNGARIA
POLONIA
PRVSSIA
LITHVANIA
TRANSSYLVANIA
WALACHIA
BVLGARIA
ALBANIA
GRAECIA
ILLIRICVM
MONS ALBANVS
EVROPA
SARMATIA
LIVONIA
RVSSIA
MOSCOVIA
POMERANIA
HOLSATIA
DANIA
SELANDIA
ANGLIA
SCOTIA
HYBERNIA
OCEANVS GERMANICVS
MARE SARMATICVM
MEDITERRANEVM
AFRICAE PARS
MAVRITANIA
SARDINIA
Corsica
SICILIA
MALTA
PELOPONNESVS
ASIA
PARS

監修者――佐藤次高／木村靖二／岸本美緒

［カバー表写真］
「レパントの戦い」と伝えられる戦闘画
（屏風絵，1610 年頃。香雪美術館蔵）

［カバー裏写真］
インド更紗をまとうポンパドゥール夫人
（油絵，1764 年）

［扉写真］
ヨーロッパ女王
（版画，1580 年頃）

世界史リブレット114

近世ヨーロッパ

Kondo Kazuhiko
近藤和彦

目次

近世ヨーロッパという問題

この本が扱うのは近世のヨーロッパ史、すなわち西暦一五〇〇年の少し前から一八〇〇年の少し前にいたる約三〇〇年間▲のヨーロッパの歴史である。

高校世界史を振り返ると、中世ヨーロッパの終わり頃から、順不同ながら、イスラーム文化、豊かなアジアの経済と統治、オスマン帝国の隆盛、ビザンツ(東ローマ)帝国の衰亡、ルネサンスが扱われている。そのあと一四八〇年あたりから、ヨーロッパからアフリカ西岸を南へ、大西洋を西へと向かう大航海、イタリアにおける諸勢力の戦争、ハプスブルク家の隆盛が述べられ、続いて宗教改革と宗教戦争、主権国家システム、南北アメリカの植民地化、そして戦国日本への鉄砲と宣教師の到来といったトピックが並ぶ。一六二〇年頃まで含め

▼**「近世」という時代**　十五世紀末～十八世紀末の約三〇〇年間を一つの時代として「近世」と呼ぶ。英語では early modern. 本書のテーマ、課題である。

て、拡大・変化・成長の「長い十六世紀」と呼ばれることがある。十七世紀にはオランダ商業、東インド会社、三十年戦争、絶対王政、イギリス革命、ルイ十四世の覇権、名誉革命、そして古典主義と科学革命など。十八世紀には啓蒙とアンシァン・レジーム(旧体制)、いくつもの王位継承戦争と英・仏の第二次百年戦争、大西洋の三角貿易、インドや中国との交渉、北アメリカの独立戦争などがあって、最後には産業革命とフランス革命という大転換が予告される。その前にロシアの成長、中東欧の啓蒙専制、バロック文化なども加わり、盛りだくさんで、一見してきらびやかな時代である。

　ところで、旧来の教科書の筋書によれば、ルネサンスと人文主義、宗教改革により、中世は否定されて近代の「ヒューマニズム」と「個人」が生まれ、成立した。だが、その後三〇〇年近くたった頃、あらためて身分制と封建特権でがんじがらめのアンシァン・レジームが問題となり、これに対する異議申立ての大団円として一七八九年にフランス革命が始まり、人権宣言によって「近代」が確立する、とされてきた。この筋書では、一五〇〇年頃にダ・ヴィンチ▲やルター▲たちによって近代の社会や理念が生まれ成立したのに、近代の社会や

▼**レオナルド・ダ・ヴィンチ**(一四五二〜一五一九)　ルネサンスを代表する「万能人」。

▼**マルティン・ルター**(一四八三〜一五四六)　宗教改革を代表するドイツ人。

理念が確立するには一八〇〇年前後のベートーヴェン▲やナポレオン▲の頃まで待たなければならないことになる。ここでいう近代が同じものだとすると、その「成立」と「確立」の間の約三〇〇年は、いったいなんなのだろう。

　また、例えば一五〇六～一六二六年に改築・建立されたサン・ピエトロ大聖堂や一六六一～八二年に完成したヴェルサイユ宮殿などが、テレビ番組であたかも「中世」の建築のように語られることがある。宗教改革や絶対主義が「近代」の始まりとされていたのに！　中世と近代の合間に埋没していた十六～十八世紀という時代が問題なのだ。こうした混乱や曖昧《あいまい》さは、「中世」「近世」「近代」という用語、時代区分▲をはっきりさせておかないかぎり、いつまでも続くだろう。本書は「近世」という時代を、歴史のなかに、むしろ世界史のなかに、しっかり位置づける。

　英語のモダン(modern)、フランス語のモデルン(moderne)、ドイツ語のノイツァイト(Neuzeit)はいずれも、今様《いまよう》／当世風▲という意味で十六世紀以後について用いられている。英語、ドイツ語の場合は「今様／当世風」は十九世紀、二十世紀についても使える。フランス語ではフランス革命で時代を区別して、

▼ルートヴィヒ・ヴァン・ベートーヴェン（一七七〇～一八二七）　ウィーンで活躍し、古典派とロマン派をつないだ前衛音楽家。「第九交響曲」など。

▼ナポレオン・ボナパルト（一七六九～一八二一）　フランスの軍人、皇帝。ナポレオン法典などを整備した。

▼時代区分　現行の高校世界史教科書では『新世界史』(山川出版社)が古代、中世、近世、近代、現代といった用語、時代区分について明快な説明を加え、世界史を見渡している。

▼今様／当世風　ちなみに夏目漱石は「今代」と書いて「きんだい」と読ませている。

モデルンはルネサンスから一七八九年までに特定して用いる。ただ、美術や文化では現代も含んで用いられて、まぎらわしい。いずれの場合も、中世との区別は、はっきりしていて自明とされた。

ルネサンス後、ヨーロッパの思想家は、古代ギリシア・ローマの文化を規範のように尊重していたが、それにしても優れた古典古代に比べて、今／当世の自分たちはかなわないと考える「古代派」と、むしろ今のほうが、印刷、火器、コンパスをもち、東西インド▲と交渉して、まさっていると考える「当世派」とが対立し論争した。「古代派・当世派論争▲」である。その場合、いずれの派にとっても、中間の時代(middle ages)すなわち「中世」はよくわからない暗い時代(dark ages)としてかたづけられていた。この論争は、啓蒙の十八世紀には当世派の勝利で結着がついた。とはいえ、一八〇〇年前後からはロマン主義の気運とともに、近代的・普遍的・合理的なものに対する疑問と批判が高まり、中世的な文物・民俗への懐古と探究▲が始まるのである。

近代のアカデミックな歴史学は、こうした背景から、強い時代意識とともに発達した。その主要なテーマは、第一に古代史であり、第二に近代人にとって

▼東西インド　東インド（アジア）と西インド（南北アメリカ）のこと。

▼古代派・当世派論争　「古代・近代論争」と訳すこともある。「新旧論争」という訳は不正確。

▼中世への懐古と探究　グリム兄弟によるドイツ語辞書の編纂や民話の発掘も、パリのノートルダム大聖堂の中世的な怪物やガーゴイルの修復も、十九世紀ロマン主義のあらわれである。

直近の当世ヨーロッパ史、すなわち始まりはルネサンス、大航海、宗教改革、終わりは産業革命、フランス革命、国民国家にはさまれた十六・十七・十八世紀の歴史であった。近代歴史学の祖、ランケ▲の最初の著書は『ロマンス系諸国民とゲルマン系諸国民の歴史』(一八二四年)だが、そこでランケは、ルネサンスの終わり、大航海・イタリア戦争の初期、一四九四〜一五一四年のヨーロッパを世界史的に見通しながら、「いったい国民が興隆する、国民が衰退するとは、どういうことだろう」と問いかけている。ランケ自身も、彼に続くどの国の歴史家たちも、それぞれの仕方で近世以来の「国民」なるものの運命と取り組んできた。

ところで一五〇〇年頃のヨーロッパの姿は、今日とはずいぶん違う。総人口は推計で約八二〇〇万。独立性をもつ政体が五〇〇弱あって、そのうちフランス王国、イングランド王国のように相対的に広いまとまりをもつ国家は少なかった。ドイツ、イタリア、スペインといった地域名やドイツ語、イタリア語、スペイン語の原型はあったが、まだ「ドイツ」「イタリア」「スペイン」という国は存在しない。神聖ローマ帝国や教皇領のようなパッチワークも少なくなか

▼**レオポルト・フォン・ランケ**（一七九五〜一八八六）　ベルリン大学教授。イタリア戦争以降のヨーロッパ政治史を確立した。学問／専門としての歴史学の創始者。

ヨーロッパの総人口

1500年	8200万
1600年	1億0500万
1700年	1億1500万
1800年	1億8700万
1900年	4億0100万
2000年*	7億4000万（旧ソ連を含む）
2018年*	5億1200万（EUのみ）

1900年までの数値は地理的ヨーロッパ(ウラル山脈以西)についての推計。
*2000年の数値はMaddison Historical Statistics. 2018年の数値はEU(Eurostat)による。

った。十六世紀までのヨーロッパは私たちの知らない異世界である。それがフランス革命後、ウィーン会議（一八一四～一五年）の頃になると、ヨーロッパの総人口は二億に近づき、政体の数は五〇弱になる。古代、中世のどの三〇〇年間にも人口がこれほどふえたことはない。それに見合って社会・経済は大きく変動した。この三〇〇年間に外の世界との関係も大きく転換した。そもそも、豊穣なアジアの経済と文化のことが伝聞で知られていたからこそ、一五〇〇年前後の貧しく貪欲なヨーロッパ人は荒波をこえて大航海に乗り出したのだ。そうしたアジアとヨーロッパの関係は一八〇〇年まで（本書が対象とする期間）に大変貌をとげたといってよい。

じつは同じ時期に、南北アメリカもアジアも歴史的な「激震」を経験していた。この三〇〇年間については、「長い十六世紀」「十七世紀の危機」「啓蒙の十八世紀」といったテーマのもとに、また最近は「ユーラシア史の大いなる分岐」といった観点も加わり、研究者がさかんに議論してきた。そうしたことを考慮すると、世界史の観点からも、十六・十七・十八世紀を合わせてきわめて重要な時代、「近世」▲として注視し、産業革命、フランス革命以後の、これま

▼**「近世」**　本シリーズの岸本美緒『東アジアの「近世」』は「十六世紀から十八世紀というこの時代の激動のリズム」を構成した「物品」をとおして近世世界史を描く。本書の前提である。

たきわめて重要な「近代」(英語で modern, フランス語で contemporain)と区別して扱うのがふさわしい。

さて、「ヨーロッパ」という語の源は、ギリシア神話の女神エウロペ(Europe)である。これによると、地中海岸フェニキアにいた美しい王女エウロペに心を奪われた好色の神ゼウスが、白い雄牛に化けて王女を誘拐《ゆうかい》し、クレタ島に連れてきて三人の子を産ませたのだった。エウロペの長男はクレタの王となり、迷宮をつくり、アテネを降伏させ、冥府では死者を裁く判事になった。次男はリュキアの王となり、孫はトロイ戦争の英雄となった。三男は知恵と正義により法を制定したという。こうした神話は、古代ギリシア人の世界観とその範囲を象徴的に示していた。

それ以来、ヨーロッパという概念は、時代と関心によって伸び縮みしてきた。今日のヨーロッパは、地理的にユーラシア大陸のウラル山脈より西側を指す。しかし歴史的にヨーロッパは、古代ローマ帝国の支配圏のうち地中海より北の部分、あるいは中世のキリスト教共同体の西半分、すなわちローマ教皇庁のもとにありラテン語の通じた地域であった。また今日では政治的・経済的に、ヨ

エウロペの誘拐　ギリシア神話にもとづくティツィアーノの油絵は、スペイン王フェリペ二世の委嘱による。

ーロッパ連合（ＥＵ）の加盟国とその周囲のことをいう。そのさいに、ＥＵ加盟国ではないスイスやノルウェーもときにヨーロッパとみなされているが、しかし、ウクライナやイギリスはヨーロッパなのか、そうでないのか、微妙である。その範囲は、時代の経済や政治、人の世界観に左右される。

　本書で扱う近世についていえば、ヨーロッパとは宗教改革前に旧ローマ・カトリックだった地域であり、そこでは宗教改革以後も支配者・エリートの間の共通語はラテン語であった（扉「ヨーロッパ女王▲」を参照）。近世のヨーロッパ人たちは、東方のオスマン帝国（イスラーム世界）と交渉し、また海の向こうの異文化世界と接触し、違いを認識するにつれ、自分たちをクリスチャンと意識した。人文主義者たちの場合はさらに遡って、キリスト教以前の古典古代とのつながりに自分たちの根拠／アイデンティティを求めていた。

▼ヨーロッパ女王　一五八〇年頃に制作された版画で、上は西、下は東、左に地中海、右に北海・バルト海が示される。地名はラテン語で記され、頭部はイベリア半島、心臓はボヘミア（プラハ）にあり、ハプスブルク家の観点からの寓意画である。プロテスタントのネーデルラント、イングランド、スカンディナヴィアはなおざりに描かれる。

①—イタリア戦争の時代

中世から近世へ

さて、一四五三年とか一四九二年といった特定の年に中世が終わり、近世が始まったわけではないが、十五世紀の後半に時代の転換が兆していたことは明らかである。変化はゆっくりしていたが確実で、多方面で展開していた。

一四五三年に東方教会（正教）の東ローマ（ビザンツ）帝国の都コンスタンティノープルがオスマン帝国の手に落ちた。オスマン皇帝はその後、一五二九年、一六八三年にも「ローマを僭称《せんしょう》する」皇帝の都ウィーンを繰り返し包囲攻撃するから、神聖ローマ皇帝にとってもハプスブルク家にとっても、近世の過半はオスマン帝国の脅威▲を忘れられない時代である。

同じ一四五三年に西欧では百年戦争（一三三七～一四五三年）が終わり、イングランドの貴族・騎士たちはフランス南西部から撤退した。また、フランスの東側に位置するブルゴーニュ・フランドル・ロレーヌ地方を合わせたブルゴーニュ公国は、中世末のヨーロッパ宮廷文化の中心のような存在だったのだが、

▼オスマン帝国の脅威　林佳世子『オスマン帝国の時代』は、恐ろしい「トルコの脅威」のイメージから説き起こされる。

一四七七年、そのシャルル豪胆公（突進公）の戦死により一敗地にまみれ、領土の一部はフランス王国に吸収された。西側の半島にあったブルターニュ公国も、まもなく婚姻によりフランス王国に結合する。中世の前半、パリ周辺のイル・ド・フランスに発し、拡大を続けていたフランス王国は、こうして南へ、東へ、西へと版図《はんと》を広げ、「六角形」の大国（六三頁参照）への道を歩みはじめたかにみえる。ところが、一四七七年に父シャルルの死を受けたブルゴーニュ公女マリ（マリア）は、フランス王家からの求婚を退けてハプスブルク家のマクシミリアン▲に嫁した。このあともハプスブルク家の婚姻政策（政略結婚）は継承されて、フランス王家（ヴァロワ家、ブルボン家）とハプスブルク家の間の意趣《いしゅ》は、王朝政治の力学のなかで、一七五六年まで晴れない宿命である（七七頁参照）。

他方のイングランド王国はというと、百年戦争から敗退した貴族・騎士たちの間に、内戦すなわちバラ戦争（一四五五～八七年）が始まり、その最終局面、一四八五年にテューダ家のヘンリ七世▲が勝利して、ようやく統一政権へと向かうにいたる。テューダ家もまた婚姻政策により、ヘンリ七世の子はそれぞれ、アラゴン、スコットランド、フランスと縁組し、国際関係のなかでの王家の安

フランスの拡大

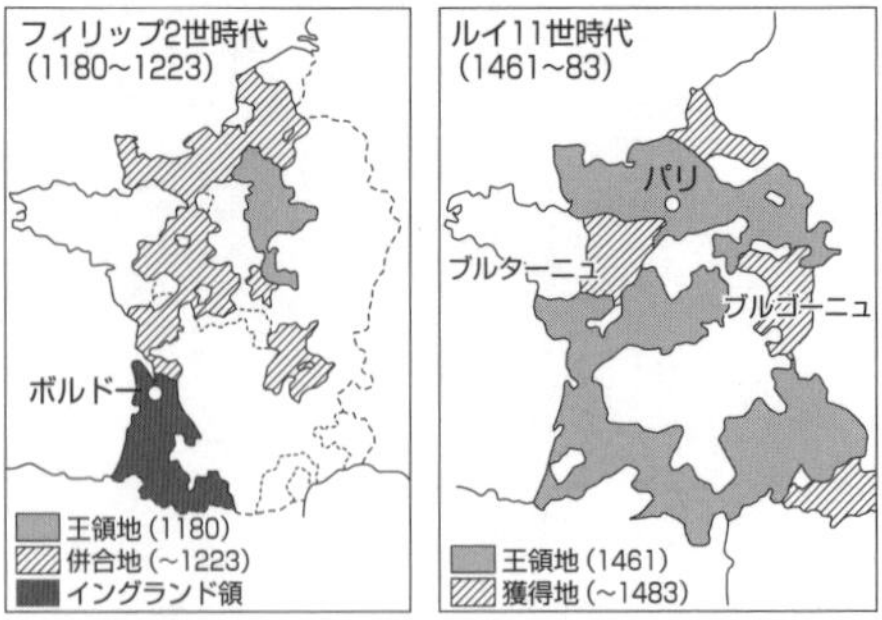

▼マクシミリアン　のちの皇帝マクシミリアン一世（在位一四九三～一五一九）。

▼ヘンリ七世（在位一四八五～一五〇九）　テューダ家初代の国王。ウェールズ出身だったので、イングランドとウェールズの統合も進んだ。

定に努めた。

視界を広げると、十五世紀前半からポルトガルはアフリカ沿岸に拠点を築き、大西洋をアフリカ西岸にそって南下していた。一四八八年にはポルトガル王ジョアン二世の後援により、ディアス▲が喜望峰に達し、その先、アフリカ東岸からインド洋に広がる広大な経済圏への海路があることを確認した。これに先だって、すでに一四七四年にはトスカネリが地球の球体説にもとづく世界地図を作成していた。

一四九二年もまた多くの象徴的なことが起こった年である。この年にカスティリャ女王イサベル▲の後援を受けたコロンブス▲の船団が大西洋を西へ横断し、中米カリブの島サンサルバドルに達した。今と違い、何週間も陸地の見えない大洋を航行するのは大変な勇気を要する冒険であった。同じ一四九二年にはイベリア半島でイスラームの拠点グラナダが陥落して、キリスト教徒の国土回復《レコンキスタ》が完成した。それと同時にユダヤ教徒の追放が始まった。以後、強烈な信仰心をあらわにする「カトリック両王」のもと、火刑をともなう異端審問が進行するのである。イタリアでは同年にロレンツォ・デ・メディチが没してフィレン

▼バルトロメウ・ディアス（一四五〇頃～一五〇〇）　喜望峰航路の発見の後年に、カブラルとともにインドに向かう航海中に遭難した。

▼イサベル（在位一四七四～一五〇四）「カトリック女王」と称せられる。アラゴン王子フェルナンドと一四六九年に結婚、一四七九年、スペインの二つの国家が同君連合として結びついた（一二二頁参照）。

▼コロンブス（一四五一頃～一五〇六）イタリア語でコロンボ。ジェノヴァの商人・航海者。キリスト教を広める使命感、香辛料や金銀への欲望が冒険心によって結びついていた。

ツェの政治が動きはじめる。ローマではボルジア家のロドリーゴが買収により教皇に選出されて、アレクサンデル六世と称した。教皇庁は家門の利益の誘導機構のようであった。

一四九七年にはポルトガル王マヌエルの命によりダ・ガマ▲がリスボン港を出発した。喜望峰をまわり、アフリカ東岸からイスラーム商人の先導により、翌年、インドの港カリカットに到着した。以後ヨーロッパ人は、繁栄するアジアの通商によそ者として遅参し、利益の分け前にありつくことになった。

これらを受けて一五一九年にマゼラン（マガリャンイス）▲の艦隊が西回りで世界一周の航海に出発した。その一五一九年は、神聖ローマ皇帝の選挙でヨーロッパ中が沸き、十九歳のカルロスが選出されてカール五世と称する年であり、またスペイン人コルテスがアメリカ大陸のアステカ王国▲征服に乗りだした年でもある。この年にダ・ヴィンチは六十七歳で亡くなった。

「最初のグローバル化」と近世ヨーロッパ

いわゆる大航海とは、ヨーロッパ人の冒険旅行という以上の意味をもってい

▼ヴァスコ・ダ・ガマ（一四六九頃～一五二四）　一四九八年にカリカットに到着、九九年にリスボンに帰港した。のちにインド副王として赴任。

▼マゼラン（一四八〇頃～一五二一）　ポルトガルの航海者だが、スペイン王カルロス（カール五世）の支援により世界一周の航海に出立した。

▼アステカ王国　その都は現メキシコのテノチティトランにあった。

た。そもそもイタリア・ルネサンスは、地中海におけるイスラーム文化との交わり、そしてオスマン帝国の圧迫によるビザンツの衰亡（それにともなう学者たちの渡来）があってこそ始まったのだった。イスラーム世界、さらにはアジアや南北アメリカとの関係▲なしに、近世ヨーロッパ史を理解することはできない。そもそも海と川の水運なしのヨーロッパ史は考えられない、というべきか。

大航海以後、アジアや南北アメリカとの交渉により、「国」をこえて汎ヨーロッパ的に経済・社会・文化が成長し拡大した。これは人類の文明史における「最初のグローバル化▲」ということができる。この三〇〇年間に市場経済すなわち資本主義が発達し、ヨーロッパは成長した。だが同時に、他方では戦争と財政の必要から、各地で政治組織、主権の集中へと向かう動きもあった。新しくコスモポリタンな経済・軍事・知が広がった近世に、中世以来のローカルな伝統と文化が存続したばかりでなく、それを「国」にまとめる力が作用して、競合しつつ、やがて「主権国家システム」ができあがるのである。近世にはこうした拡大と凝集のヴェクトルが共存した。以下では、列強の各国史よりも、ヨーロッパ全体を見渡した叙述に主眼をおこう。

▼**アジア・南北アメリカとの関係**　近世ヨーロッパに流入し、経済生活を変貌させた物品に、香辛料、金銀、ジャガイモ、トウモロコシ、トマト、砂糖、綿（コトン）、染料、茶、コーヒー、ココア、陶磁器などがある。

▼**最初のグローバル化**　もの・人・技術は古代から東西を行き交っていたが、長い十六世紀からは、それが地球世界の構造的一体化に向かった。近藤和彦『イギリス史10講』七三〜七四頁参照。

一五〇〇年頃、ヨーロッパの中心は人口も経済も文化もイタリア半島（ナポリ、ヴェネツィア、ミラノ、ジェノヴァ、フィレンツェ）にあった。これが一八〇〇年頃までに、ライン川の流域からネーデルラント、さらにパリ、ロンドンあたりに、すなわち北方に拡大移動し、スケールも格段に増した（三〇頁参照）。近世は変化し、成長する時代である。かつての野蛮で猛々しいヨーロッパは、近世の終わりまでに政治的で文明的で商業的なヨーロッパに変身し、その結果として十九世紀には近代世界の覇者となる。私たちが常識的に知っているヨーロッパは、近世史の結果、一八〇〇年よりあとのヨーロッパである。

カトリック教会と人文主義

中世の終わり、十五世紀に西ヨーロッパの統一と秩序を体現していたのは、ローマ教会（教皇《パパ》）とその公用語＝ラテン語である。ローマ教会は自ら普遍（カトリック▲）を唱えていたが、それはギリシア語を用いたビザンツの正統な教会（正教会）に対抗する自己主張であった。

末期のビザンツ帝国からイタリアへ避難してきた学者やフェラーラ・フィレ

▼**カトリック**　カトリック教会とは「全般におよぶ」「普遍的」という意味のcatholicを謳った自称・尊称。他称では「ローマ教会」や「教皇派」である。ただし日本語では「カトリック」を曖昧に中立の名称として用いることが多い。

エラスムス（一四六六／六九〜一五三六）

トマス・モア（一四七八〜一五三五）大家族の真ん中に座るモア（五十歳）と父（七十六歳）。この二人以外はみな本を持っている（ホルバインの素描）。

▼俗語　「俗語」とは、古典のギリシア語・ラテン語ではない、日常生活の言語（お国言葉）のこと。卑俗とは限らない。のちの「国語」のもとになる（五三頁参照）。

ンツェの公会議（一四三八〜三九年）に出席した聖職者たちが、ギリシアの古典や聖書原典を伝授し、イタリア人は古典古代の知に畏敬と喜びをもって接した。そうした発見に始まる知の探究を人文主義（フマニタス、humanism）と呼ぶ。人文主義とは日本語のヒューマニズム（人道主義）とは異なるもので、教養と市民モラルによる批判精神であり、そのために原典に立ち戻って学ぶ姿勢である。これ自体は反キリスト教でも反カトリックでもない。例えば人文主義者エラスムスもモアも、聖職者の愚行を笑い、教会の腐敗をあげつらったが、普遍的キリスト教への信仰はゆらいでいない。

十五世紀後半からグーテンベルクの活版印刷が普及して、各地に俗語《ヴァナキュラ》（日常語）▲の刊行物が急速に広まった。以前からの版画もさらに流通した。だが、これでラテン語が衰退したわけではない。十六世紀は人口増と好況の世紀であり、読み書き能力《リテラシ》は貴族・町人・女性の間にも広まり、ラテン語と俗語、両方の出版と言論が活発になった。エラスムスが広く旅し迎えられ、その著作を多くの人々が読んだのは、彼の英知と出版プロモーターとしての才覚ゆえであるが、前提にはエリートの共通語としてのラテン語、広汎な人々の学習意欲があった。教会の文書はもとより、世俗の条約もラテン語で記されていた。ちょうど東アジアで各地の支配者・エリートが漢文で意思疎通したのと似ている。

イタリア戦争

イタリア・ルネサンスの最盛期は、一四三四年にメディチ家のコジモがフィレンツェ共和国の実権を掌握した頃からロレンツォ（一四九二年没）の代にかけてである。フィレンツェの花のサンタ・マリア大聖堂が完成し、東西教会の統一を議題にフィレンツェ公会議が開かれた。この頃のイタリアは、都市や共和国や公国といった小国家が割拠し、一種の「ミニ国際社会」であった。諸国間の対立抗争は、東方のオスマン帝国を意識して勢力の均衡《バランス・オヴ・パワー》で対処した。これを歴史家G・マティンリは「イタリア協奏曲▲」あるいは「イタリアのコンサート」と呼んでいる。

ところが十五世紀末、皇帝マクシミリアン一世を後ろ盾としてミラノ公国スフォルツァ家の権勢が強まりすぎ、勢力均衡がくずれた。ナポリとフィレンツェは教皇アレクサンデル六世▲（ボルジア家のロドリーゴ）とはかってミラノを討

▼**「イタリア協奏曲」**　J・S・バッハの華麗な鍵盤曲「イタリア協奏曲」（BWV九七一）にちなむ。

▼**アレクサンデル六世**（在位一四九二〜一五〇三）　ルネサンス期に権勢をふるったボルジア家の教皇。フランスに対抗し、サヴォナローラを処刑し、婚外子を何人も産した。芸術のパトロンでもある。

●―フィレンツェのサンタ・マリア大聖堂

一四三六年に竣工。大理石と煉瓦を美しく組み合わせたルネサンス建築。ブルネレスキの設計によるドームの高さは一一五メートル。

●―一四九四年のイタリア

●―サヴォナローラの焚刑（一四九八年）

▼シャルル八世（在位一四八三〜九八）　ヴァロワ家の野心的な国王。ブルターニュを併合、ナポリに遠征した。

▼中世の終焉　ランケの最初の著書が一四九四年から始まるのも、ヨーロッパ政治史における中世から近世への画期と考えられたからである。

▼ボッティチェリ（一四四五〜一五一〇）　ルネサンス最盛期のフィレンツェにおける花形画家。サヴォナローラの影響で画風は変わった。

とうとしたが、ミラノ公はこれに対抗して、一四九四年、フランス王シャルル八世▲をイタリア半島に招き入れた。ナポリの王位継承権はフランスに、という大義名分があった。だが、このときのナポリ王はスペインのアラゴン王家系のフェルディナンド（在位一四五八〜九四）であった。

フランスとスペインという成長途上の二つの強国がルネサンスの中心イタリアにおいて衝突したわけで、このようにして始まったイタリア戦争（一四九四〜一五五九年）が中世の政治秩序を終わらせた。▲スペイン王位は一五一六年からハプスブルク家のカルロスが継承するので、ここでもフランス・ヴァロワ家とスペイン・ハプスブルク家が対立したのである。教皇はこの戦争に武力で介入し、ユリウス二世（在位一五〇三〜一三）にいたっては自ら武装して戦い、将軍のように凱旋した。あたかも古代ローマの将軍ユリウス・カエサルの二世のようであった。そうこうするうちに、まもなく東からはオスマンの皇帝《スルタン》が侵攻してくるであろう。

そうした一四九四年、フィレンツェでは修道士サヴォナローラが清貧を説き、メディチ家に支配された共和国、そして教皇アレクサンデルの華美と腐敗を非難した。フランス王シャルル八世がイタリアに進軍してくるという事実は、不道徳に溺れた者に対する神罰と受け止められ、禁欲を唱えるサヴォナローラの神権共和政をフィレンツェ市民は支持した。カーニヴァルの終わり、大斎《レント》の四旬節には、奢侈《しゃし》品や美術品を火に投じる「虚飾の焚刑《ふんけい》」がおこなわれた。シニョーリア広場の焚《た》き火に加わった市民のなかに、あのボッティチェリ▲やミケランジェロ▲もいた。しかしながら、近世初年の「清らかな革命」は短命で、一四九八年には、反撃する教皇庁の異端審問により、サヴォナローラ自身が同じ広場で焚刑の犠牲となるのであった。この経過を二十代のマキァヴェッリ▲もまた目撃していた。

　イタリア戦争とは、別の見方をすると、後進地の王侯貴族による先進イタリア文化の略奪である。シャルル八世からルイ十二世▲、フランソワ一世▲と続くヴァロワ家のフランス王は、イタリア侵攻を繰り返した。フランソワ一世にいたっては一五一六年、尊敬する六十四歳のダ・ヴィンチをフランスへまねき、その死まで厚遇した。このときダ・ヴィンチが「モナ・リザ」「洗礼者ヨハネ」といった傑作を手放さず携行した結果、今日パリのルーヴル美術館にこれらが

▼ミケランジェロ（一四七五〜一五六四）　フィレンツェ出身の彫刻家・画家・建築家。のちにローマに移住。

▼マキァヴェッリ（一四六九〜一五二七）　フィレンツェの行政官・歴史家・政治思想家（五一頁参照）。

▼ルイ十二世（在位一四九八〜一五一五）　先王シャルル八世の妃アンヌ（ブルターニュ公女）と再婚。

▼フランソワ一世（在位一五一五〜四七）　身長は二メートル。軍人で学芸と女性を愛するルネサンス君主。

おもなヴァロワ家のフランス国王

シャルル８世	1483－98
ルイ 12 世	1498－1515
フランソワ１世	1515－47
アンリ２世	1547－59
フランソワ２世＊	1559－60
シャルル９世	1560－74
アンリ３世	1574－89

＊若いフランソワ２世の妃が，スコットランド女王メアリであった．

所蔵されているのである。

　次の国王アンリ二世（在位一五四七〜五九）となるべき王太子アンリの妃に、一五三三年、メディチ家のカトリーヌ▲が迎えられ、フランスの生活文化はなおさらイタリアに範をとり洗練されていく。「イタリア化」すなわちフランスにおけるルネサンスである。十六世紀前半の人文主義者ビュデは、国立図書館やコレージュ・ド・フランスの基礎をすえた。またフランスの宮廷生活における音楽や正餐《ディナー》、そして国内巡幸、入市式などの儀礼が、壮麗な王権のパフォーマンスとして演出されたのも、この頃からである。

　なお、フランソワ一世が一五一六年に教皇レオ十世と結んだコンコルダ（政教協約▲）により、フランスの教会はローマ・カトリックのなかにとどまりながら、国王の管轄に服した（ガリカン教会）。

▼カトリーヌ・ド・メディシス（一五一九〜八九）　フランソワ二世、シャルル九世、アンリ三世の母后。一五六二年から宗教戦争において宥和的立場をとろうとした。

▼コンコルダ　ローマ・カトリック教会（教皇庁）と世俗権力の間の関係を定める協約。ほかにも一一二二年（ヴォルムス協約）、一八〇一年（ナポレオンの協約）などがある。

②—帝国と宗教改革

ハプスブルク家のモナルキアと対抗勢力

神聖ローマ帝国とは、「ローマ帝国」すなわち古代の普遍帝国の夢を追い、また「神聖」すなわち中世のカトリック教会(教皇)に仕え、神に直属すべき世俗国家である。十六世紀にはこれに「ドイツ国民の」という近世的修飾語が加わった。その皇帝は、古代のカエサルをドイツ語読みしてカイザー(カイゼル)と呼ばれた。さまざまの矛盾する要素を結合した「時代錯誤」の国家である。今日の中欧のドイツ語圏とスイス、ベネルクス、北イタリアを支配した、礫岩《れきがん》のような国家▲であった。

神聖ローマ帝国《ライヒ》はローマ教会を政治的にサポートしたが、実際に帝国を担うのは、帝国議会を構成する諸侯(等族)や都市代表であり、彼らは従順ではなかった。すでにイタリア戦争にともなう財政逼迫に対処するために、ハプスブルク家の皇帝マクシミリアン一世(在位一四九三〜一五一九)は、一四九五年ドイツのヴォルムスに帝国議会を召集し、諸侯の要望に対応して国制改革に取り組

▼**礫岩のような国家**　礫岩(コングロマリット)とは、地学で「礫(さざれ石)が堆積していわおとなったもの」、現代経済で「(国際的な)複合大企業」のこと。これらに例えて歴史学では「非均質で多様な要素の結びついた政体」をいう。

むしかなかった。またマクシミリアンはフランス・ヴァロワ家と領土を争い、対抗上、スペインに接近していた。

　そのスペインでは、アラゴン王国のフェルナンド王子▲とカスティリャ王国のイサベル王女の婚姻（一四六九年）、両者の即位によって二つの王権が結びついた。とはいえ、地方の特権は存続し、法と政治は一元化しないままで、これまた礫岩のような国家である。ムスリム（イスラーム教徒）から国土を回復したばかりの両王の関心は、フランスとの国境、地中海のシチリア王国、ナポリ王国、そして「インディアス」▲にも向かった。フェルナンド王もまた積極的結婚政策をとり、二人の子を皇帝マクシミリアンの二人の子と結婚させ、両家は二重の婚姻で結ばれた。

　その結果は、ヨーロッパ近世史にとって決定的である。イサベル女王についでフェルナンド王が一五一六年に没すると、カスティリャとアラゴンの王位を継承したのは、十六歳の孫すなわちハプスブルク家のカルロス▲であった。この新王は先のブルゴーニュ公女マリの孫でもあり、ブリュッセルに宮廷をもち、フランス語を使っていたから、ハプスブルク家の「シャルル」と呼ぶのがふさ

▼アラゴンの王子フェルナンド　一四六九年にカスティリャのイサベルと結婚、七四年にイサベルとともにフェルナンド五世として共同統治、イタリア戦争中に教皇アレクサンデル六世から「カトリック王」の称号を受けた。アラゴン王としてはフェルナンド二世（在位一四七九～一五一六）、ナポリ王としてはフェルディナンド三世。

▼「インディアス」　広義の「インド」を指す語だが、この場合はアジア・アメリカの植民地。

▼カルロス一世（在位一五一六～五六）　イサベル女王とフェルナンド王の娘ファナは精神を病み政務をとれず、その夫フィリップ美王（ハプスブルク家）は早世していたので、王位を継承したのはファナの長男カルロス（シャルル、カール）だった。

神聖ローマ帝国(一五〇〇年頃)

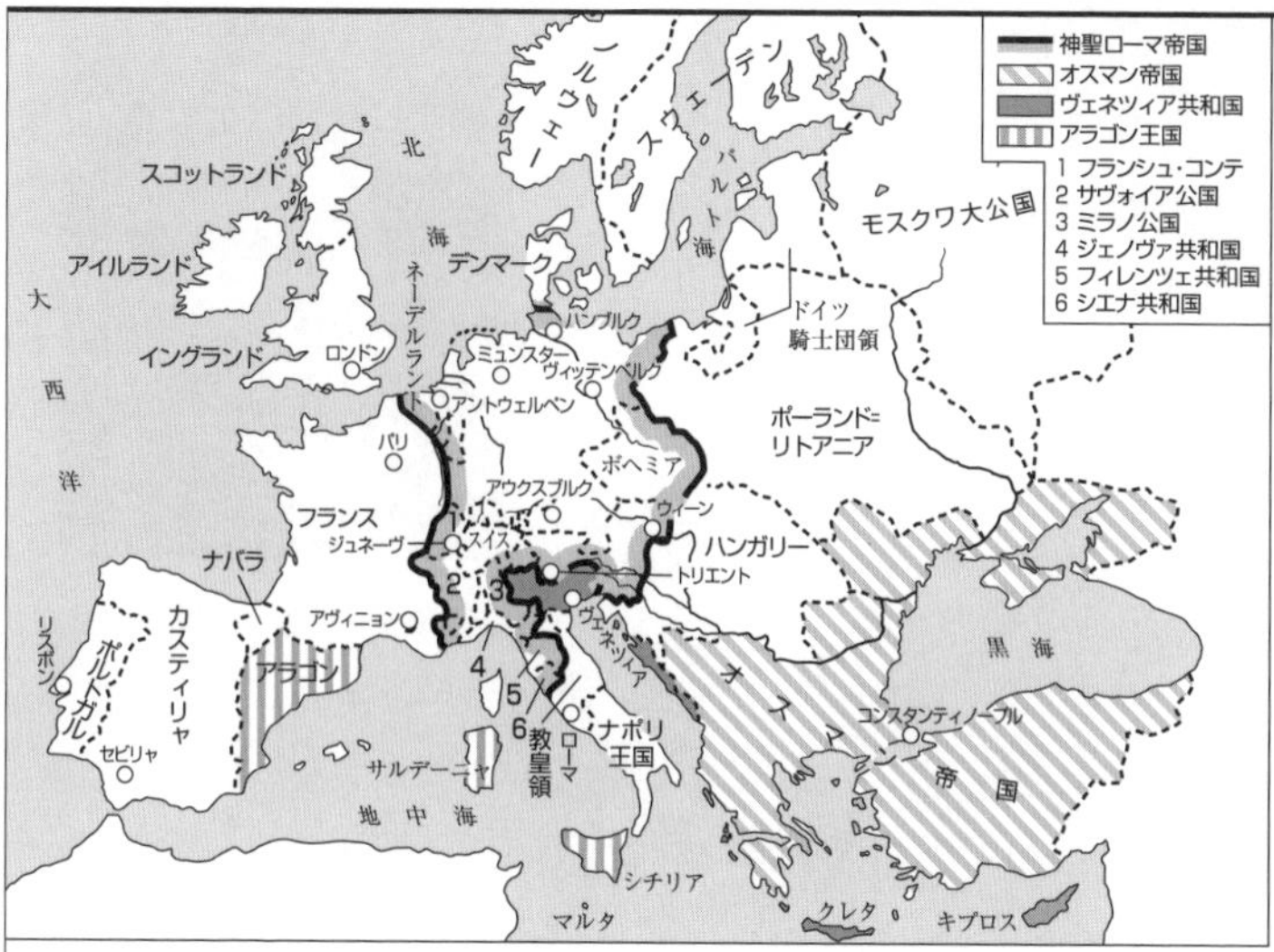

ハプスブルク家系図

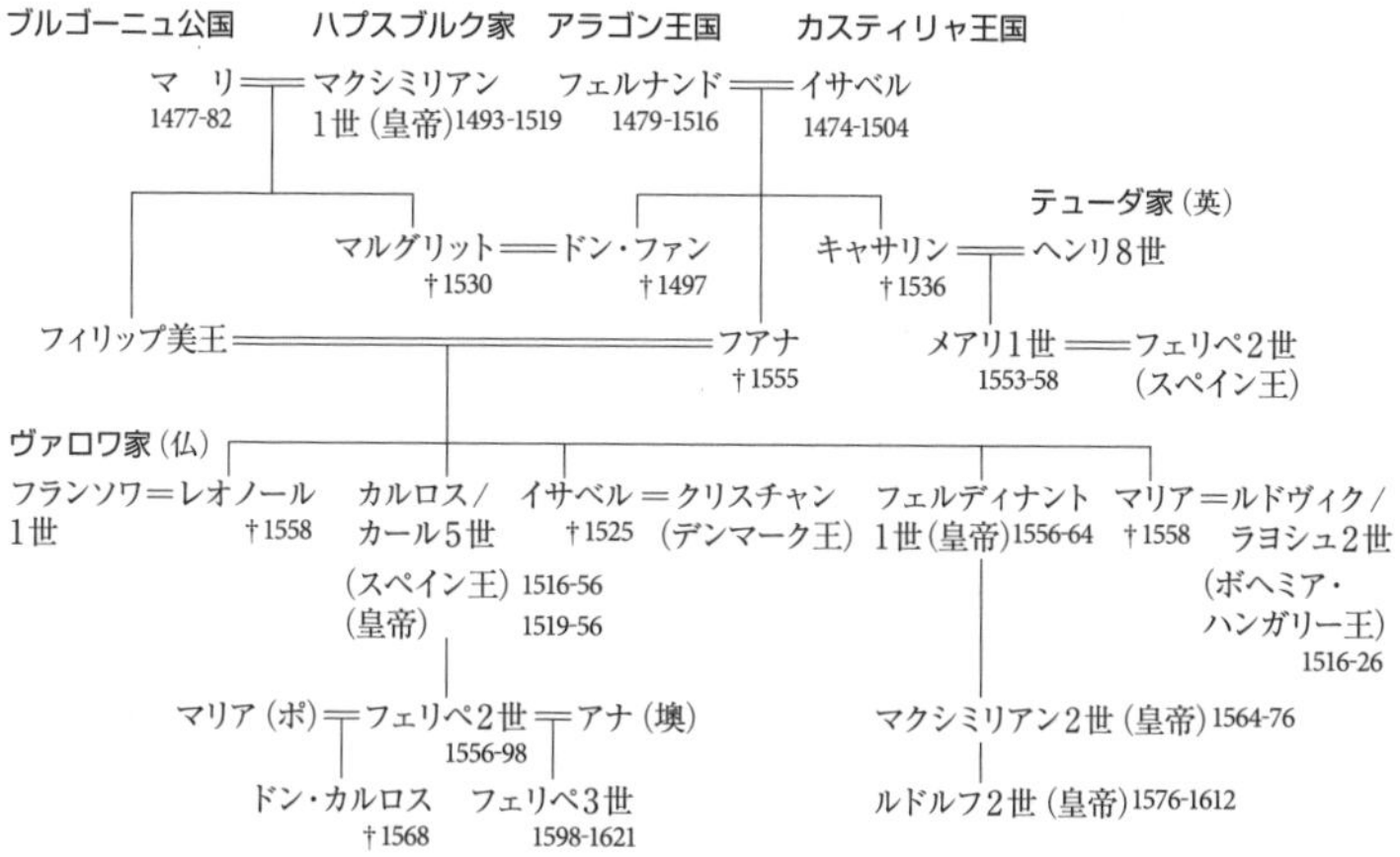

数字は在位年を，†は没年を示す。

わしい。両家の結婚政策に偶然も加わった結果として、ハプスブルク家は祖地オーストリアとブルゴーニュ、ネーデルラントだけでなく、スペインと植民地インディアス、シチリア、ナポリも手中にするにいたった。

さらにその三年後、一五一九年に皇帝マクシミリアンが没すると、皇帝選挙に臨んだ候補のうち有力なのは二人、ヴァロワ家のフランソワとハプスブルク家のカルロス(シャルル)であった。両家の間には一四七七年、マリの結婚以来の意趣《いしゅ》が続いていた(一〇頁参照)。イタリア戦争のさなかであり、両君主にとって、負けられない因縁の選挙であった。公職選挙法などない時代だから、七人の選帝侯▲を買収するために、フランソワは金貨一・五トンを用意した。カルロスはドイツの鉱山・金融業者フッガー家▲の融資により、金貨二トンを用意した。満場一致で選出されたのはカルロス(ドイツ語でカール)であった。

国王カルロス=皇帝カール五世のもとに、ハプスブルク家の大版図が現出した。買収によって選出された皇帝であるから、金力以上の正当性がなければ、尊敬されず臣従されない。かつて八〇〇年に戴冠した中世のカール大帝(シャルルマーニュ)に倣い、一五一九年に選出された近世のカール皇帝(シャルルマ

カール五世

▼七選帝侯　ケルン、マインツ、トリーアの大司教、ファルツ伯、ザクセン公、ブランデンブルク辺境伯、ボヘミア王の選挙により「ローマ人の王」が決まり、教皇が戴冠式をおこなうことによって正規の皇帝が任じられた。

▼フッガー家　南ドイツ、アウクスブルクの鉱山業・金融業・商業とハプスブルク家や教皇庁への貸付で、十六世紀に財力は最大となった。

ーニュ)もまた、ローマ・カトリック教会とキリスト教世界のために献身し、戦う君主である。

大小数十の領域からなるハプスブルク家の家産▲は、ヨーロッパの要所を占めたばかりでなく、南北アメリカに広大な領地を広げつつあった。「日の没することなき」世界帝国の始まりである。ただし、この複合的な王朝を「ハプスブルク帝国」と呼ぶのは慣用・俗称でしかない。当時の人々は、ハプスブルク家の家産をまとめてモナルキア(monarchia)と呼んだ。今日の専門家はこれを複合君主政▲(composite monarchy)と呼びならわす。

カール五世のもとに合体された広大で複雑な、礫岩のような政体を統治するには、行動力、人材、ノウハウが必要である。カールは積極的にスペイン、ネーデルラント、中欧に行幸して自らの勇姿をみせ、また有能なピエモンテ人、人文主義者で法学者であるガッティナーラを大法官に任用し、日常の行政をまかせた。すでに祖父フェルナンドの代から外交における文書主義が浸透していたが、ガッティナーラ大法官のもとで内政・外交における文書主義と官僚制度が整いはじめた。カールの子、フェリペ二世になると、王自身が山のような文

▼ハプスブルク家の家産　一五三〇年頃のカール(カルロス)の君主称号は、ブラバント公、フランドル伯、ブルゴーニュ伯、カスティリャ王、アラゴン王、ナポリ王、シチリア王、バルセロナ伯、オーストリア大公、ティロル伯、神聖ローマ皇帝など(ほかに多数)であった。近世史家R・エヴァンズによれば、十六世紀中欧に決定的変化をもたらしたのは、ルネサンス(人文主義)、宗教改革、ハプスブルク王朝の三つである。

▼複合君主政　J・H・エリオット「複合君主政のヨーロッパ」古谷・近藤編『礫岩のようなヨーロッパ』五五〜七八頁参照。なお同じエリオットの『スペイン帝国の興亡』が近世スペイン史のスタンダード。

マルティン・ルター（一四八三〜一五四六）**と家族**

書を読み、印をつけ、註を付し、訂正することが日々の心の支えになったという。こうしたハプスブルク家の行政革命は十六世紀の諸国にも波及する。

とはいえ、カスティリャ、アラゴン両国はそれぞれ身分制議会やもろもろの伝統的特権《フエロス》をもつ社団▲からなる礫岩のような王国であり続けたので、そうした特権を享受する貴族たちにどう対処するかという難題に王＝皇帝は悩まされた。それに加えて、なによりカール五世が選出される直前に、ルターの異端運動が帝国をゆらしはじめていた。

宗教改革と帝国の政治

修道士でヴィテンベルク大学の教授ルターが一五一七年十月に「九十五カ条の論題」を書いたとき、新しい社会をめざしていたのだろうか。否。彼はむしろ神秘的な啓示、悪魔や天使を信じる中世の神学者であった。ローマに巡礼して教皇庁の堕落に憤慨したルターは、贖宥状《しょくゆうじょう》（免罪符）を悪魔の業《わざ》とみなし、福音（神の言葉）にもとづく正しい信仰の復古をめざしていた。その贖宥状は、ローマのサン・ピエトロ大聖堂をルネサンス様式で大改築したい教皇ユリウス二

▼社団　職能や地縁で結びついた集団で、法人格をもち、慣習と既得権を享受するもの。

▼ジョン・ウィクリフ（一三三〇頃〜八四）　オクスフォード大学の神学者。教皇を批判し、聖書の英訳を志し、異端とされた。遺志はロラード派に受け継がれた。

世およびレオ十世、債務に追われるマインツ大司教、債権者フッガー家の共同事業《コラボレーション》として大規模に発行されたものだった。

ローマ・カトリック教会に対する内部批判は、中世から繰り返されていた。ウィクリフもフスも神学者として聖書の至上性を説き、贖宥状を攻撃していた。ラテン語の聖書を俗語に訳す試みもあった。一方のルターには教会制度を改めようという意図はなかった。彼の独自性といえば、寄進や善行によって神と交渉しようとした中世の信仰（を継承するローマ教会）と違い、神と人との間には絶対にこえられない溝があり、人と神との間に取引や計算はありえない、人は信仰によってのみ救われる（sola fide）という考えである。神の言葉の記録された聖書のみを信仰の根拠とした。

では、なぜルターは一四一五年のフスのように焚刑に処せられなかったのか。答えは、十六世紀初めの歴史情況にある。教皇庁の腐敗は目にあまり、ちょうどイタリア戦争のさなかで混乱し、皇帝は内憂外患に対処を迫られ、諸侯はドイツを留守にしがちの皇帝に不満をいだき、またすでに活版印刷物や版画が流通していた。そのうえ、皇帝マクシミリアンはルターの処分を決めるより前、

▼ヤン・フス（一三七〇頃〜一四一五）　プラハのカレル大学の神学者。カトリック教会を批判し、異端とされ、焚刑に処された。その死後「フス戦争」が起きた。

おもな教皇

アレクサンデル 6 世（ボルジア家, 4 子）	1492 – 1503
ユリウス 2 世（ローヴェレ家, 3 子）	1503 – 13
レオ 10 世（メディチ家）	1513 – 21
クレメンス 7 世（メディチ家）	1523 – 34
パウルス 3 世（ファルネーゼ家, 5 子）	1534 – 49
グレゴリウス 13 世（ボンコンパンニ家, 1 子）	1572 – 85

ルネサンス期の教皇は享楽と腐敗の極にあった。それぞれ出身家門と，認知された婚外子の数を示す。アレクサンデル 6 世は暗殺にも関与したとされる。ユリウス 2 世とレオ 10 世は，一度もミサを司祭したことがない。彼らは芸術の有力なパトロンだった。

ルター派の版画　上段には正しい信仰をもつ人々が天国への救済を約束されている。下段の左は教皇派、右はイスラームの人々で、地獄の苦しみを味わう。

一五一九年一月に急死し、ヨーロッパ中は皇帝選挙で沸き返った。先述のとおりカール五世が選出されたのだが、内外の重要事項について、帝国の法と慣行に従い、帝国議会と協議して決定すべしという選挙協約がなった。セリム一世についでスレイマン一世の率いるオスマン帝国の脅威もあり、皇帝は協約を認めて諸侯の協力を求めるほかなかった。教皇はすでにルターを破門していたが、選挙協約により、ヴォルムスの帝国議会は一五二一年、あらためてルターを審問し帝国追放刑に処するという手続きをとった。

そうこうするうちに、説教や活版印刷、版画によって、「異端」の改革派の考えは社会各層に伝わり広まった。諸侯はルターを支持し、彼をかくまった。ルターがギリシア語から翻訳したドイツ語聖書は「人の心に迫る感情のすべての音階を表現できる」ドイツ語をつくったという。

宗教とは神、そして救いをめぐる観念であるが、現世の秩序や人の幸不幸の解釈でもある。印刷文化が普及していた十六世紀であるから、宗教改革は印刷物の文化闘争となった。皇帝側はこれに出遅れ、ルター派がこれに勝利したから、ルターは処刑されなかったのである。彼が正しかったからではない。帝国の混乱と印刷文化なくして、宗教改革なし。

他方で、ドイツの農民たちの信仰運動はミュンツァー▲の指導によって高まり、諸侯と対立して一五二四〜二五年には「農民戦争」となった。額に汗して働く清貧の農民像は、ルターの目にもクリスチャンの好ましいあり方とみえた。とはいえ、本を読む人文主義者と読書しない農民は、別の文化に属していた。人の意志によって封建特権を廃棄したり社会革命を構想したりすることは、ルターの信仰とあい入れない。世の中の秩序は、人の力のおよばない神の定めた賜物であった。ルターの教えはドイツ諸侯の反皇帝感情と適合して定着し、諸侯と敵対した農民の闘いは圧殺された。

その頃都市チューリヒの司祭ツヴィングリは、一五一九年から公開討論会によって改革を進め、信徒の共同体を組織していた。市民もまた聖書にもとづき規律に服した。他方、カトリックの幼児洗礼を批判して成人洗礼の共同体をつくった再洗礼派は、特異な行状のために周囲から孤立しがちであった。その信徒たちは、一五三四年から都市ミュンスターに籠城して革命的な神権共和政をおこなった。

▼トマス・ミュンツァー（一四九〇頃〜一五二五）　フス派の影響下に宗教改革の徹底を求め、農民たちとともに「貧しき者の王国」をめざして戦い、敗北した。

ツヴィングリ（一四八四〜一五三一）

カルヴァン（一五〇九～六四）

▼ジュネーヴ　一五四一年から一七九八年まで独立共和国。一八一四年にスイス連邦に加盟した。現在、多くの国際機関が置かれている。

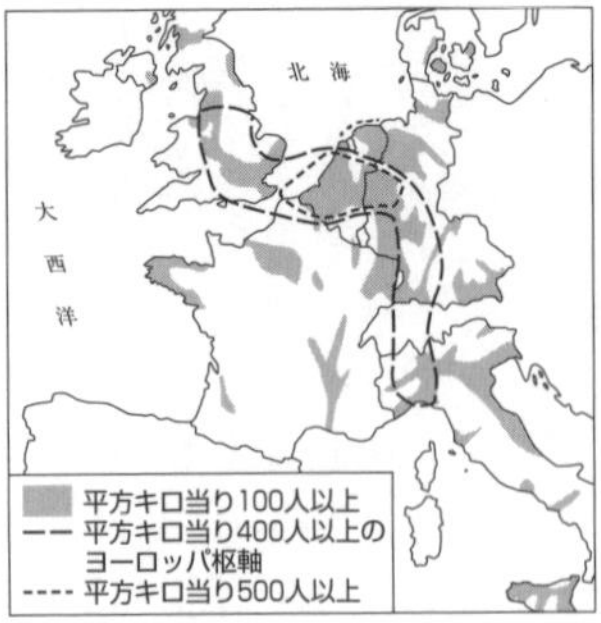

ヨーロッパの人口枢軸

また都市ジュネーヴでは一五二〇年代から司教＝領主に対する市民の闘争が続き、市議会は「福音に従って生き、偶像など悪弊を廃する」ことを決議していた。一五三六年、旅行の途中ここに立ち寄ったカルヴァンは、「神に選ばれた民」の社会規律に共鳴し、神の絶対性と救いの予定説を唱えた。反対派を厳しく排除して、ジュネーヴ▲はヨーロッパ中のプロテスタントの避難所、そして司令塔となった。

近世ヨーロッパを見通すと、この（北イタリアから）スイスをこえてライン川をくだり、ネーデルラントにいたる都市群、さらに海峡をわたってイングランド南部も含めたイモムシ状の地帯こそ、ヨーロッパでもっとも人口密度が高く、文化的・経済的にも先進的な枢軸をなした。印刷術もプロテスタンティズムも、国単位というより、こうした枢軸地帯の都市から波及するのであった。

アウクスブルクの和議と各国の動き

この間、帝国議会でも戦場でも、皇帝と改革派諸侯は衝突を繰り返していた。いかに文書主義によっても、近世の通信・交通手段では、広大なハプスブルク複合君主政を運営するのは困難だった。一五二七年、ガッティナーラ大法官の休暇中には、皇帝の傭兵隊がローマ市内で略奪のかぎりをつくす事件が起きてしまった。対オスマン帝国、対フランス、対諸侯の戦いは続き、キリスト教共同体をめぐる幻滅、教皇との齟齬《そご》、家族の思惑もかさなり、ついにカール五世は、皇帝選出以来の教会再統一の夢を放棄した。

一五五五年、カール五世にかわって弟フェルディナントが召集したアウクスブルクの帝国議会で宗教和議▲が成立した。その基本は、(1)ルター派の信教を承認して宗教戦争を終結させる。ただし再洗礼派・カルヴァン派については棚上げにした妥協である。(2)「各領域に各宗教」という「領邦教会」、すなわち「国教会」の原則により、それぞれの領域で領邦君主ないし帝国都市が信教について主権を行使するという、宗教と政治の近世的結合が定められた。

失意のカール五世は皇帝位を弟フェルディナントに、スペイン王位を息子フェリペ二世に分けて譲位し、自身は修道院に隠遁し、五十八歳で亡くなった。

アウクスブルクの和議の適用は帝国内にかぎられるが、「領邦教会」ないし「国教会」という考え方は、すでに十六世紀半ばまでにイングランドやスカン

▼アウクスブルクの宗教和議　これは一四九五年以来の帝国国制改革の一つの結着という意味がある。

おもな皇帝

マクシミリアン1世	1493－1519
カール5世	1519－56
フェルディナント1世	1556－64
マティアス	1612－19
フェルディナント2世	1619－37
フェルディナント3世	1637－57
レオポルト1世	1658－1705

このうちカール5世以外は，選帝侯により選出されたのち，教皇による戴冠式を受けていない。フェルディナント1世は1555年から皇帝代行。

ディナヴィアに広まっていた。ローマ・カトリックのフランス王国でさえ、一五一六年のコンコルダ(二〇頁参照)により、国教会に近い「ガリカン教会」制度が根づき、教皇庁と国家主権の妥協がはかられていた。

　十六世紀初めのフランスは、広く豊かな領域をまとめ、人口一六〇〇万をこえるヨーロッパ一の大国であった。だが、長い国境線は礫岩のようなハプスブルク家の領土に接していた。フランソワ一世は、ハプスブルク家との対抗上、オスマン帝国に接近して一五三五年にカピチュレーション▲を与えられ、軍事的・商業的に提携した。

　そのオスマン帝国は、「神聖ローマ帝国」なるものの正当性に異議を唱え、自らを古代ローマ帝国の正しい継承者としてコンスタンティノープル(イスタンブル)を首都とし、学芸を庇護し、公共事業を推進した。とくにスレイマン一世▲は宗教的寛容策をとり、バルカン半島、地中海域▲に領土を拡大し、古代ローマを復興する勢いであった。オスマン軍は一五二六年にモハーチでハンガリー国王(皇帝フェルディナントの義弟)を破り、二九年にウィーンを包囲攻撃し、三四年にチュニスを攻略し、三八年にプレヴェザ海戦に勝利して東地中海の制

▼カピチュレーション　オスマン帝国が在留外国人商人に与えた通商特権。林『オスマン帝国の時代』七九頁参照。

▼スレイマン一世(在位一五二〇～六六)　オスマン帝国第一〇代スルタン。帝国の最盛期をなし、「立法者」と呼ばれた。

▼地中海域　すでにセリム一世がマムルーク朝(一二五〇～一五一七)を倒して、エジプト、シリア、聖地などをえていた。

オスマン帝国と地中海

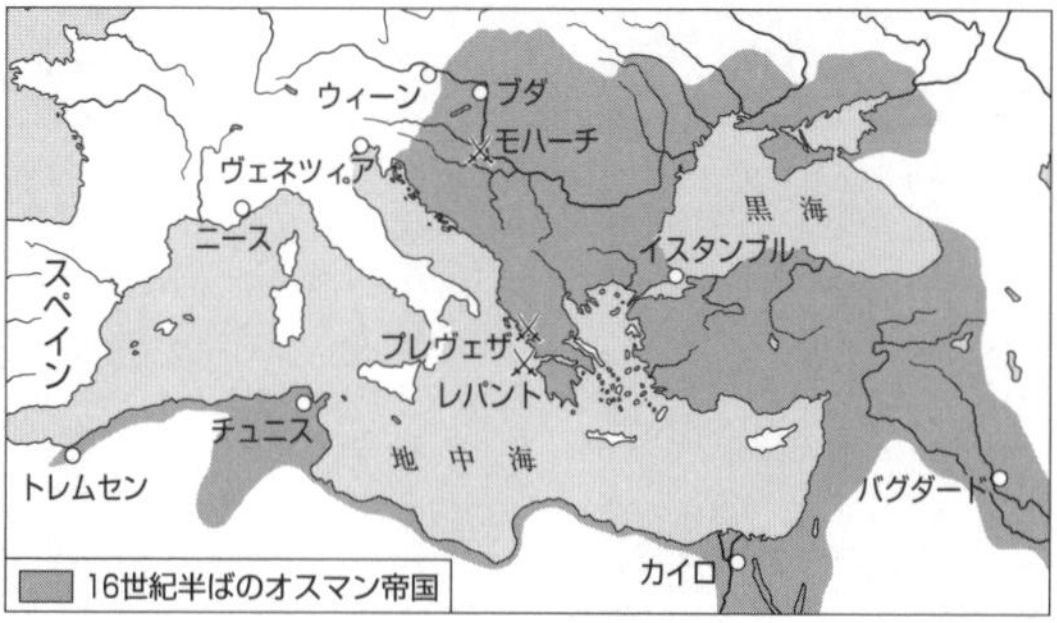

海権を確保した。「オスマンの脅威」はハプスブルク家のトラウマである。

敵の敵は味方。皇帝カール五世は、はるか東でオスマン帝国と対立するペルシア（サファヴィー朝）と結び、西ではフランスの宿敵イングランド（テューダ家）と同盟した。ハプスブルク家とイングランド王家との間の蜜月は、カール五世の叔母《おば》キャサリンとアーサ王太子との結婚（一五〇一年）、そして弟ヘンリ八世との結婚（一五〇九年）、ヘンリ八世によるルター論駁《ろんばく》への報賞として教皇から与えられた「信仰の擁護者」という称号（一五二一年）などに刻まれている。

しかし、そのイングランドでは一五三三年から、テューダ家ヘンリ八世の議会で上訴禁止法、首長法、修道院解散が決められて、ローマ教会からの自立がはかられた。誤解されやすいが、六人の妃をもったヘンリ八世は、軽率なセクハラ君主だったのではない。むしろ、まだ幼弱なイングランド王国の存続を確かなものにしたいために、正嫡の王子を求めて再婚を繰り返し、有能な忠臣を起用して、次のように宣言したのである。(1)イングランドは主権国家▲であるから国内問題は国内で解決する（上訴禁止法）、(2)その教会はローマから独立し、国王を首長とする国教会である（首長法）、と。イングランド王がアイルランド

▼**主権国家イングランド**　近藤『イギリス史10講』八一～九〇頁参照。

ヘンリ八世（在位一五〇九〜四七）

▼メアリ（在位一五五三〜五八）　その治世におけるプロテスタント弾圧の厳しさから「血まみれメアリ」とあだ名される。真っ赤なカクテルの名の由来になった。

王を兼ねる統治も一五四一年から始まり、ダブリンに総督が派遣された。

この過程で、重要なことは専制でなく議会の法で決め、国王は議会と国教会と一緒に、ローマ教皇や皇帝に対抗して主権を主張するというイギリス国政のパターンも確立した。地方は無給の名望家（治安判事）と有給の教区司祭によって治められた。常備軍も官僚制も機能していない。これはたしかに主権国家であるが、旧説のように「絶対主義」とみなすのは無理がある。

国教会における教義のプロテスタントへの改革は、ヘンリの長男エドワード六世のもとでようやく開始したが、王は早世し、その姉メアリ女王▲のカトリック反動により、激動の五年間が続いた。

対抗宗教改革

たしかにルネサンス期のローマ・カトリック教会は爛熟し腐敗していたが、そのなかから真面目な聖職者たちの改革、規律化の動きがなかったわけではない。一五二五年のカプチン会に続き、一五三四年、イグナティウス・デ・ロヨラにより結成されたイエズス会がもっとも強力で成功した組織である。自己犠牲と組織的規律によるイエズス会の宣教▲は地球規模に展開し、インド・中国・日本に布教したフランシスコ・ザビエルがよく知られている。イエズス会を祝福した教皇パウルス三世は、トリエント公会議を召集することも承認した。

一五四五〜六三年、教皇領トリエントに召集された公会議には、最初プロテスタントも出席していた。長期にわたった公会議の結果、教皇庁は異端を審問し、聖職者の腐敗を除き、規律と位階秩序を再建し、敬虔な宗教生活を取り戻そうとした。トリエント公会議以後のローマ・カトリック教会は生き返り、反撃に転じる。十六世紀半ばにヨーロッパの北半分はほとんどプロテスタント陣営だったが、反撃により十七世紀前半までにプロテスタント地域はヨーロッパの二割ほどに縮小する。海外では、中南米でもアジアの海港でも、ローマ・カトリックがはるかに優勢であった。

宗教改革の時代の政治と宗教を長期的に見わたすと、一五一七〜五〇年代がその第一サイクルであった。ルネサンス期のローマ教会と帝国のかかえた諸問題が、戦争と宗教改革と出版文化によってあらわとなり、対抗改革も始まった。プロテスタントの宗教改革と、ローマ・カトリックの対抗宗教改革は、ともに

▼イエズス会の宣教　中南米・アジアに布教し、中国では典礼問題も生じた。耶蘇会と呼ばれた。今にいたるまで教育に熱心である。

宗教改革と対抗宗教改革

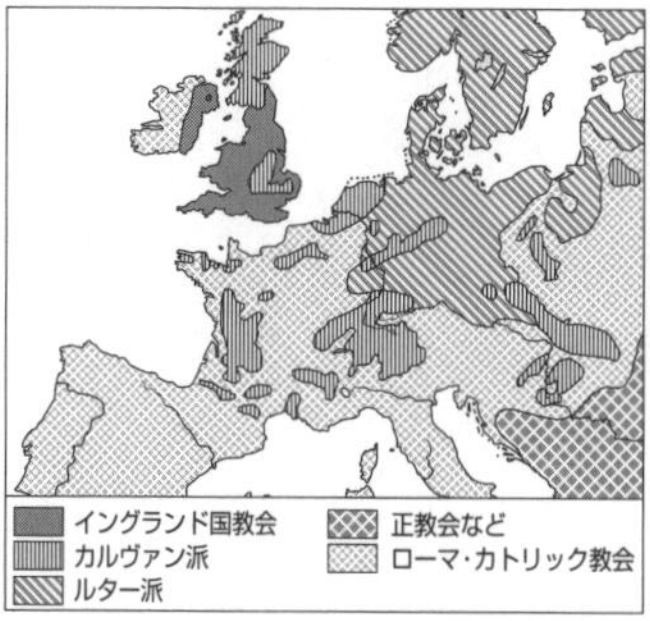

十六世紀の成長と奢侈と腐敗に対して、敬虔な信仰心、清らかで簡素な聖務と規律正しい生活を掲げた精神▲の同時代的なあらわれだったと考えられる。

アウクスブルクの和議(一五五五年)でドイツの宗教戦争は収拾し、カトー・カンブレジの講和(一五五九年)でイタリア戦争は終結した。一五五八年末に即位したイングランド女王エリザベスは、ローマ教会とピューリタンの中間の「中道」をとると宣明した。デンマークはクリスチャン三世(在位一五三四〜五九)、フレゼリク二世(在位一五五九〜八八)のもとでローマ教会および皇帝からの自立をとげた。バルト海と北海を結ぶエレスン(ズント)海峡▲の通商の利益とルター派の影響が決定的であった。十六世紀半ばまでの宗教的・政治的カオスのなかから、ようやく国家主権、国教会(領邦教会)が姿をみせてくる。

▼キリスト教の規律化　近世史家G・エルトンは、もし十六世紀のプロテスタント・カトリック両改革による規律化と伝道がなければ、キリスト教は近現代まで生き延びられなかっただろうという。こうした信教の規律化の精神は、政治社会の合理化へと連なる。

▼エレスン海峡　この重要な海峡のデンマーク側にエルシノア城と税関があった。シェイクスピア『デンマークの王子ハムレットの悲劇』の舞台である。

▼フェリペ二世(在位一五五六〜九八)　一五五四年にはイングランド女王メアリと結婚、まもなく死別したが、ナポリ王、シチリア王、スペイン王、そしてポルトガル王などを継承した。八八年にはイングランドへのアルマダ侵攻を企てている。

一五八〇年のフェリペ二世のために制作されたメダル　地球に君臨する馬上の王。上のラテン語碑文にNon sufficit orbis(世界は満たされず)とある。

③—信教国家と国家理性

宗教戦争と主権国家

一五六〇年までに国際環境は大きく変わった。各国で君主の代替わりが続き、トリエント公会議以後、ローマ・カトリックの反撃にともなう宗教戦争が続くが、そのなかからしだいに主権国家が群としてかたちを整えてくる。以後、ほぼ一六一〇年代までが宗教改革の第二サイクルである。

スペインとネーデルラント　一五六〇年代の西ヨーロッパの強国を見わたすと、安泰の成人男子君主はスペインのフェリペ二世▲と叔父《おじ》・皇帝フェルディナント一世だけである。デンマーク＝ノルウェーに二十六歳のフレゼリク二世がいたが、彼はまもなくスウェーデンとの戦闘に巻き込まれる。「日の没することなき」モナルキアを父カルロス(皇帝カール五世)から相続したフェリペ二世のカトリック・チャンピオンとしての使命感は、ハプスブルク家の野心と表裏一体である。皇帝位こそ叔父フェルディナントが継いだが、フェリペは内外の宗教と政治に積極的に介入した。

カスティリャ王・スペイン王

イサベル	1474－1504
フェルナンド５世	1474－1504
カルロス(カール５世)	1516－56
フェリペ２世	1556－98
フェリペ３世	1598－1621

▼スペインの「黄金時代」　F・ブローデルの代表作『地中海』の正規のタイトルは『フェリペ二世の時代の地中海と地中海世界』であった。

▼少年使節　伊東マンショ、千々石ミゲル、中浦ジュリアン、原マルチノの四名。

スペインは十五世紀にはキリスト教・ユダヤ教・イスラームの三教が併存していたが、フェリペ期には対抗宗教改革の旗手であり、厳しい異端審問と中央集権の国である。父カルロスを悩ませていた反抗的な貴族は官僚制度に取り込み、南北アメリカに広大な植民地(副王領)をもち、一五七一年にはオスマン帝国と戦ってレパントの戦いで勝利し、一五八〇年にはポルトガルを併合した。東南アジアではマニラなどを手に入れ、フィリピン(フェリペ諸島)と名づけていた。やがてマニラとメキシコ(アカプルコ)を結ぶ太平洋通商ルートも開かれ、「日の没することなき」モナルキアの領土が文字通り地球を一周することとなった。フェリペ二世の治世は複合王政スペインの「黄金時代▲」である。

日本で布教したイエズス会士ヴァリニャーノの進言により、一五八二〜九〇(天正十〜十八)年には四名の少年使節▲がポルトガル・スペインに渡航してフェリペ二世に、そしてローマでは教皇グレゴリウス十三世に謁見した。

それにしても戦線は拡散しすぎていた。中南米やアジアの植民地の征服と宣教、オスマン海軍との戦い、ネーデルラント独立戦争、イングランド征服の試み、フランス宗教戦争への干渉など。文芸の後援やエスコリアル宮殿の建設なども加わり、フェリペ二世の治世中に国庫の破産(支払い停止《モラトリアム》)を三度も宣言するにいたった。続く十七世紀は宮廷文化と人口衰微の世紀となる。

スペインの属州ネーデルラントは、ライン川流域と北海圏を結ぶ要《かなめ》にあり、ヨーロッパ経済の一つの中心であった。バルト海やスカンディナヴィアを含む北ヨーロッパ商業の主要なアクターは、中世のハンザ同盟にかわって、近世はネーデルラントである。独立的でカルヴァン派＝長老主義の浸透したネーデルラント都市部を、フェリペのハプスブルク家は強権的に服従させようとして、一五六七年に豪腕の総督アルバ公を派遣した。アルバ公はプロテスタント活動家を一二〇〇名も処刑し、新税を導入したので、この圧政がさまざまの階層を結集させ、翌年から「八十年戦争▲」に突入した。

北部諸州のユトレヒト同盟が一五八一年に独立を宣言した。一五八五年にアントウェルペンは陥落したが、以後アムステルダムを経済の中心、ハーグを政治の中心に、貴族やギルド、州や都市など、歴史的な社団からなるネーデルラント連邦共和国(オランダ)が生まれた。バルト海・北海から大西洋の向こう、アジアにもおよぶ商業・海運の覇権《はけん》を手中にしたオランダは、一種ヴェネツィ

レパントの戦い　キプロス島の領有をめぐってスペイン・ヴェネツィア・教皇の連合軍が、オスマン軍と戦って勝利した。この屏風絵は、SPQRという「ローマ」の旗印を掲げる軍勢(左)が、三日月の盾を持つ「トルコ」の将兵(右)を追う戦いを描き、十七世紀初めの日本で制作されている(カバー表写真)。最新の学説では、一五三五年、チュニスの会戦における「ローマ王」カール五世の軍勢を描くともいう。

▼八十年戦争　一五六八〜一六四八年の八〇年におよぶ独立への闘争をオランダ史で「八十年戦争」と称する。一六〇九年までに実質的に独立した。

ア共和国のグローバル版のような存在である。

フランス　アウクスブルクの和議のあとの神聖ローマ帝国(ドイツ)と対照的に、十六世紀後半のフランスではカルヴァン派(長老派)すなわちユグノーとローマ・カトリックの対立が昂《こう》じて、宗教内戦(ユグノー戦争、一五六二～九八年)に突入する。アンリ二世(在位一五四七～五九)の王子三人があいついで短命で、王太后カトリーヌ・ド・メディシス(二〇頁参照)が影響力を行使していた間に、ギーズ公をはじめとする有力貴族の間の苛烈な抗争、サン・バルテルミの虐殺事件(一五七二年)などが続いた。暴力は汚辱を浄める儀礼、職務を怠る当局者にかわっての「正義の代執行」という意味もおびて、容赦のないものとなった。急進派と民衆の結合もみられ、スペインやイングランドの干渉も加わり、国際政治と不可分の宗教内戦であった。

　血で血を洗う内戦がやまぬかと案じられた頃、宗派や信仰への忠誠より、公共の平和と国家の安泰を優先する「ポリティーク派▲」が出現した。その一人、ナバラ王アンリ(ブルボン家)が一五八九年にフランス王位についてアンリ四世▲と称し、自らユグノーの信仰を捨ててカトリックに改宗した。「パリはミサに

▼ポリティーク派　近世語 politique, politic は今日の「政治的」(ずるい)というより、国家(politeia)、公共善(respublica)、太平を優先する、賢明な人々を指した語である。

▼アンリ四世(在位一五八九～一六一〇)　ブルボン家の初代国王。宗教的宥和と財政改革を志したが、狂信的カトリックに暗殺された。妃はメディチ家から迎えたマリ・ド・メディシス、その子がルイ十三世である。

●―**サン・バルテルミの虐殺**（一五七二年八月二十四日）

●―**エリザベス女王**（在位一五五八〜一六〇三）　テューダ家ヘンリ八世の次女。人文主義の教育を受け、ピュアな両極よりも王国の安泰を優先した。

●―**アンリ四世**　血で血を洗う宗教内戦をおさめるため、フランス王国の宥和をはかり、一五九八年にナント王令を発した。

▼**ナント王令**　この王令により、ユグノー(カルヴァン派)の礼拝の自由を認め、新旧両派の共存をはかった。宗教的寛容の画期をなす。

▼**『国家論』**　一五七六年刊。原題は『République(公共善の政体)について六巻の書』。著者ジャン・ボダンは人文主義者・法学者。

▼**信教国家**　アウクスブルクの和議(三二頁参照)から十七・十八世紀にいたる期間に、ヨーロッパ中で信教(宗派)と国家(政治)のあり方が議論され洗練された。両者の一対一の結合を「信教国家」と呼ぶ。同じことを教会側からみれば「国教会」「体制宗教」である。

値する」。パリすなわちフランス王権は、ミサすなわちカトリック信仰という代価をはらうだけの値打ちがある、というのがアンリ四世の決意表明だった。一五九八年、アンリ四世は「ナント王令▲」を発して、ユグノーの信教や公職につく権利を認めて、宥和《ゆうわ》をはかった。ポリティーク派として、内戦中に『国家論▲』を著して主権と法と公共善を論じたボダンが知られる。

イングランド　イングランドでは、メアリ女王(三四頁参照)のローマ・カトリック反動により動揺した王国を、穏健プロテスタントの信教国家▲として再建することがエリザベス女王(四一頁参照)の課題であった。エリザベスは即位してただちに首長法、信仰統一法を制定し、信仰三十九カ条を発布し、国教会のもとにカトリックとピューリタンの間の「中道」をとると宣明した。フランスにおける「ポリティーク派」の登場より先行したバランス感覚である。

イングランドにおけるローマ・カトリック問題とは、フェリペ二世のスペインおよびスコットランド女王メアリ(在位一五四二〜六七)との関係をどうするかという難題であり、他方のピューリタン問題は大陸のカルヴァン派との関係、とりわけユグノー戦争およびネーデルラント独立戦争のゆくえと不可分であった。副次的に、そもそも女王を認めない男尊女卑のピューリタン、ノックス▲との戦いでもあった。

国際的カトリック陰謀に加担したメアリを処刑したイングランドに対して、一五八八年、フェリペ二世はアルマダ大艦隊を派遣した。これを撃退したことにより、イングランドとネーデルラントの各プロテスタント主権は安定した。さらにホーキンズ▲やドレイク▲は海軍や私掠《しりゃく》船により、カリブ海でもイベリア半島沿岸でもスペイン権益を脅かした。エリザベス女王のもとで、議会は産業および救貧のための法律を整え、毛織物業が国民的産業として発達した。

ローマ・カトリックの国際司令塔のような存在だったフェリペ二世が一五九八年に没する頃、スペインの衰退は誰の目にも明らかであった。スペインの絶頂と転落、そしてネーデルラント(オランダ)の独立戦争と商業覇権をみつめつつ、フランスとイングランドはそれぞれ主権と信教の難問に対処した。

十六世紀後半からイングランド・オランダ・フランス・デンマークの冒険商人たちは、あいついでレヴァント会社、ロシア会社、「東インド会社▲」などの貿易会社を設立していた。オランダでは先行した複数の貿易会社を合わせて、

▼ジョン・ノックス(一五一四頃～七二)　イングランド、ジュネーヴ、スコットランドで宗教改革を推進した。女性の君主を認めず攻撃したので、エリザベスは彼のイングランド帰国を拒否した。

▼ジョン・ホーキンズ(一五三二～九五)　カリブ海(西インド諸島)にアフリカ奴隷を運んだ冒険商人。私掠船の許可をもち、対スペイン戦で功を立てた。

▼フランシス・ドレイク(一五四三頃～九六)　冒険家・アフリカ奴隷貿易船長。エリザベス女王の後援により世界周航、対スペイン戦で功を立て、海外進出の象徴的な存在として伝説化している。

▼東インド会社　設立年はイングランド東インド会社が一番早いが、十七世紀にもっとも勢いがあったのはネーデルラント(オランダ)連合東インド会社(VOC)で、ジャワのバタヴィアを拠点に東南アジア貿易に参入し、平戸・長崎でも交易した。

▼**ウィリアム・アダムズ**(一五六四～一六二〇)　三浦按針という名を与えられた。その没後、イングランドはオランダとの競争に敗れ、アンボイナ事件(一六二三年)後は東アジア・東南アジアから撤退した。

一六〇二年に「連合東インド会社」(VOC)が結成され、香辛料貿易を独占し、軍事的・政治的な権力も代行し、十七世紀オランダ貿易の黄金期をむかえた。なお、いずれの東インド会社設立よりも前のことだが、一六〇〇年春に九州、豊後《ぶんご》に漂着したオランダ船リーフデ号には毛織物が積み込まれ、オランダ人ヨーステンとイングランド人アダムズ▲が乗っていた。とくにアダムズは徳川家康(一五四二～一六一六)に気にいられ、対外関係のブレーンとして重用された。

三十年戦争

長期的にみた宗教改革の第三サイクルは、一六一八～四八年、ヨーロッパの中央(中欧)で戦われた「三十年戦争」の期間とほぼかさなる。この戦争の特質は、第一に宗教改革の最終局面であり、広汎で苛烈な宗教戦争だった。アウクスブルクの和議(一五五五年)以降、帝国内のローマ・カトリックとルター派は拮抗していたが、対抗宗教改革によりカトリック側が盛り返し、またカルヴァン派が伸張して、事は錯綜した。特質の第二は、皇帝(ハプスブルク家)と反皇帝勢力の政治対立である。これは(第一次世界大戦にもフランス革命＝ナポレオン戦争にも先だつ）最初の世俗ヨーロッパ大戦といえる。元来は帝国内の内戦だったはずだが、帝国外のフランスもイングランドもスウェーデンも介入し、ロシアも巻き込み、オスマン帝国は東方から隙《すき》をうかがっていた。

その三十年戦争は、次のような局面の連続と複合からなった。

(1) 皇帝と地方貴族（等族）の衝突。一六一八年、帝国内ボヘミア王国のプラハ城でプロテスタント貴族が皇帝の使節に造反した事件から始まったローカルな紛争に、皇帝の報復は苛烈にすぎ、これに反発して反皇帝陣営が形成され、ヨーロッパ大戦へと転化した。皇帝側の貴族・傭兵隊長ヴァレンシュタイン▲は軍功著しく、プロテスタントを圧倒した。プロテスタントの盟主、ボヘミア王フリードリヒ（在位一六一九〜二〇）の妃はイングランド王ジェイムズ一世の娘、チャールズ一世の姉だったから、イングランドもこの大戦に巻き込まれた。

(2) バルト海域のプロテスタント王国、デンマークとスウェーデンは対立していたが、デンマーク王クリスチャン四世に敗戦が続き、ネーデルラントとフランスはスウェーデンを支援して、事態は拡大した。このときスウェーデン王グスタヴ・アドルフ▲は歩兵・砲兵・騎兵を機動的に用い、兵站《へいたん》はたくみで、戦

▼**ヴァレンシュタイン**（一五八三〜一六三四）　帝国貴族として対オスマン戦争に従軍。三十年戦争では皇帝軍の最高司令官となり、才能ある軍人だが、皇帝フェルディナント二世にうとまれ、一六三四年に暗殺された。

▼**グスタヴ二世**（在位一六一一〜三二）いわゆる「バルト海帝国」を樹立、戦法の改良により皇帝軍に対して連戦連勝したが、一六三二年、リュッツエンの戦いで負傷し戦死（四九頁参照）。

況をプロテスタント優位に転じた。

(3)　スペインに対するネーデルラントの独立戦争、すなわち「八十年戦争」(三九頁参照)が再燃し、最終的にネーデルラントが勝利した。

(4)　スペイン(ハプスブルク家)とフランス(ブルボン家)の戦いは、イタリア戦争以来の因縁である。フランスは三十年戦争の最初こそ皇帝側で参戦していたが、ルイ十三世▲と宰相リシュリュー枢機卿が一六二九年に再参戦したときは、反皇帝・反ハプスブルク家に与《くみ》し、その政治性はあらわである(六〇頁参照)。すでにスペインの衰退はおおうべくもなく、最終的に一六五九年のピレネー条約は大国フランスの優勢を鮮明にした。

(5)　一六三五年にプラハでドイツ諸邦が皇帝と和を結んだあとも続いた「戦争のための戦争」。フランス、スウェーデン、スペインそれぞれの傭兵隊が、あたかも軍事技術と略奪の演習場のように帝国を荒らしまわり、人口の約三分の一が消えたといわれる。

中世からルネサンスまで、戦争は弓矢の戦いと騎士の決闘で決していたが、長い十六世紀にイタリア戦争や対オスマン戦争などが繰り返されるなかで、傭

▼**ルイ十三世**(在位一六一〇～四三)　母后マリ・ド・メディシス、宰相リシュリュー枢機卿、王妃(スペイン王女アンヌ)、妹(イングランド王妃ヘンリエッタ・マリア)の錯綜した関係をもとに、十九世紀の小説家アレクサンドル・デュマが創作した歴史小説が『三銃士』である。

▼**軍事革命**　G・パーカは、十六世紀ヨーロッパと戦国期日本に共通する兵法や築城の変化に注目して、『長篠合戦の世界史』を著した。

カロ「戦争の悲惨」

▼**連邦制の伝統**　旧説すなわちドイツ全般が長くバラバラで荒廃したという解釈は、中央集権国家をゴールと考える謬見である。坂井榮八郎『ドイツ史10講』参照。

兵隊は鉄砲（マスケット銃）・大砲を活用して組織的に戦い、城や砦は強固なものに建て直された。この時代の戦争の仕方と規模、そして兵站の転換を「軍事革命」▲と呼ぶ。三十年戦争はこうした軍事革命の完成態であった。

ウェストファリア体制

一六四四年から和平交渉が始まり、ようやく四八年にウェストファリア地方で複数の和平条約が締結された。それらを合わせて「ウェストファリア条約」と総称する。そのポイントは第一に、帝国内の政教の抗争を収拾するために、アウクスブルクの和議の基本が再確認され、またカルヴァン派も承認された。「各領域に各宗教」という原則で、領邦や帝国都市など領域内のことはそれぞれの主権者が決定した。内政不干渉である。第二に、ネーデルラント連邦（オランダ）とスイス連邦（盟約者団）の独立が最終的に承認された。第三に、帝国の外にあって反皇帝派のフランス、スウェーデンも条約を締結し、それぞれ帝国内に領土をえた。第四に、結果的に今にいたるドイツ国制における連邦制の伝統▲が確定し、神聖ローマ皇帝（ハプスブルク家）と教皇の威信は失墜した。皇帝

▼グロティウス（一五八三〜一六四五）　オランダ語ではデ・グロート。『自由海論』『戦争と平和の法』や神学の著作がある。十七世紀を代表する人文主義者・法学者・外交官。

▼「万人の万人に対する戦い」　ホッブズの『リヴァイアサン』（一六五一年刊）で議論されたたとえ。

の位はナポレオン期の一八〇六年まで存続するが、実質はオーストリア大公、ボヘミア王、ハンガリー王などをかねる、中欧の礫岩君主にすぎない。

世界史的にみて重要なのは、一六四八年に出現した「ウェストファリア体制」という国際政治システムである。十六・十七世紀の激動のなかで法学者ゲンティリス（ジェンティーリ）やグロティウス▲が模索した「国際法」という概念が成立して、近現代の国際秩序の原則となる「諸国家システム」（states system）、「主権国家体制」がここに始まる。これはイタリア戦争、宗教改革以来続いた戦争や「万人の万人に対する戦い▲」といった悪夢を長く経験した人々の間に生まれた知恵であり、ヨーロッパの混乱を収拾し、その後の政治・宗教・戦争の枠組みをなすものである。この国際秩序のもとでは、王国であれ領邦であれ共和国であれ、たがいに自立して国家主権を唱え、平和交渉や戦争をおこなう。この国際秩序はつねに平穏無事というわけではない。各政体は法的に対等といっても、実態はむしろ弱肉強食、下克上の競争的なシステムである。

主権国家とは、フランス王国やバイエルン公国、ネーデルラント連邦といった国家が単独で主権を唱えればそれで成立するわけではない。これは多国間の

Groß Europisch Kriegs Balet/getantzet durch die Könige vnd Potentaten Fürsten vnd Respublicken/
auff dem Saal der betrübten Christenheit.

●—**ヨーロッパ大戦舞踏会**　副題に「悲嘆のキリスト教世界の広間にて（いずれも複数形の）国王、君公、諸侯、共和国が踊る」とある。中央左で足並みをそろえる四人は（左から）スペイン王、皇帝、バイエルン公、デンマーク王。対する右にはスウェーデン将軍、オランダ代表、ポルトガル王、そして幼少のフランス王ルイ十四世が手をつなぐ。その手前の床に横たわるのはスウェーデン王グスタヴ・アドルフの亡骸。中央手前で背をみせて踊る二人はスイス諸邦、左端でくつろぐのはイタリア諸侯である。天井から天使が平和の月桂樹と争いの果実をまき、これを日和見ザクセン選帝侯が拾い歩く。こうしたようすを右端からオスマン帝国スルタンが虎視眈々と見ている。

進まぬ外交交渉のあいまの舞踏会という想定で、各主権者の思惑と関係を象徴的に表現した版画である。詩文をそえて出版された（バイエルン国立図書館蔵）。

政治システムの単位である。諸国家システム／主権国家体制とは、悪夢のあとの国際秩序であり、国際法のルールである。だからこそ、このあとも大戦争の終結にあたって、ウィーン会議議定書(一八一五年)やヴェルサイユ条約(一九一九年)といった文書で再確認され、締結される。ちなみに二十世紀後半にアメリカ合衆国の大統領補佐官、国務長官を歴任した国際政治学者キッシンジャー▲も、自らを一六四八年以後の国際秩序のなかに生きた一人と位置づけている。

こうした諸国家システムは、例えば東アジアにおける「華夷《かい》」の秩序、「冊《さく》封《ほう》」「朝貢」「互市《ごし》」のような、一つの有徳の中華とその徳治になびき従う周辺王国からなる同心円的な天下の秩序の理念とは、きわだって異なる。東アジア近現代史とは、ウェストファリア以来の諸国家システムを前提に進出する欧米列強と、東アジアの異質な秩序観が衝突した軋轢《あつれき》の歴史でもあった。

それでは、近世の主権国家と近現代の国民国家とはどう違うのか。近現代にも主権国家は存在し、どちらにも主権者や領土は存在する。だが、近世の主権▲とは王公の君主権のことであり、これは家産として相続された。版図や国境は近世にも存在したが、不均質で曖昧なところが残った。なにより近世には国民

▼**H・キッシンジャー**(一九二三〜　)　最新の著書は、*World Order*.

▼**主権**　英語でsovereignおよびsovereignty, imperium. 主権および主権者といった概念は、中世末から近世に生まれた。近現代の主権国家では、主権は国民が担い、また代表(議会)に委任される。

共同体は未成立で、国籍よりも社団への帰属、身分や血縁、そして近隣の生活圏のほうが重要だった。だから、例えばナポリ王国の商人や民衆にとって、王と役人がスペイン人でもフランス人でも問題なく、むしろ日常の商売と生活習慣を尊重してくれるかどうかが重要だった。主権在民(国民主権)といった発想は十八世紀の啓蒙、アメリカ合衆国、フランス革命の産物である。

「公共善」「共和国」の構想

ここで政治思想、また秩序構想について考えておこう。キリスト教共同体が解体し、生き馬の目をぬくような事態が繰り返された時代に、修道士サヴォナローラの神権政治(一九頁参照)が敗北するのを目のあたりにしたマキァヴェッリは、『君主論』▲でただ「なんでもあり」の権謀術数を説いたのではない。古代ローマ史に学びなおし、「徳」(男らしさ)と公共性を問うたのである。

ルネサンス、イタリア戦争、宗教戦争、諸国家システムの形成期に、世の中の秩序に考えをめぐらせたのは、マキァヴェッリだけではない。トマス・モア、ボダン、ベイコン、グロティウス、ホッブズなどの人文主義者たちが続いた。

▼『**君主論**』　一五一三年に完成し、ウルビーノ公に献呈されたが、刊本はマキァヴェッリの死後、三二年が初版。君主の徳、統治、軍事を論じ、提案している。その率直な議論はキリスト教の倫理観から反発されたが、市民的人文主義の重要な源流の一つである。

アンリ二世のルアン入市式典　北フランスの重要都市ルアンをあげて国王夫妻を歓迎するパフォーマンス。

彼らのキーワードは「公共善」。ラテン語で res publica, 英語で public good あるいは common weal であるが、すなわち「公共の福祉」であり、また同じ言葉を republic, commonwealth と綴れば、共和政であり国家のことである。日本語の「公儀《こうぎ》」「公事《くじ》」とも部分的にかさなる。

十六世紀後半から出現するポリティーク派と神授王権説は、対照的にみえるかもしれないが、ともに混乱（無秩序）の恐れから生まれた徳と国家理性、公共性と主権の考えである。ポリティーク派とは、先にもみたとおり（四〇頁参照）、自らの信仰の正しさに固執し、敵の抹殺をやむなしとするのでなく、世の中の平和と安泰を優先する大人である。神授王権について、旧説では人民に対する横暴・専制を強調していたが、むしろ即位式で塗油《とゆ》の礼を受け、神に信任された（と自任する）国王＝主権者が、教皇や皇帝の権威に対して唱えた独立宣言であり、国家主権の近世的な表現であった。正当な王権は、すべからく神授の王権なのである。でなければ、ただの有力貴族とどこが違うのか。その系として、神意に反し徳を欠いた暴君は追討すべきだということになる（モナルコマキ）。近世には誰しも神を信じていた。それを今日の世俗合理主義の観点から、暴政

ブリューゲル「農民の踊り」（一五六八年頃）　バグパイプが鳴り、酒がまわり、男も女も老人も子どもも楽しく過ごす。後景に村の教会堂が見える。

とか反動とか批判するのは時代錯誤である。

同じ頃、「国語」訳の聖書や祈禱書が刊行され、ラブレー（フランス語）、シェイクスピア（英語）、セルバンテス（スペイン語）のように笑いと政治を織り込み、「国語」で著された文芸作品が国民的な人気を博した。各地の文法学校《グラマースクール》をはじめ教育機会が広まり、通俗本も売れた。

近世社会の各層は、あらゆる機会に世の中の秩序、世代や男女の関係をめぐって活発に競い合った。カーニヴァルや夏祭りや大定期市など教会暦にも織り込まれた祭礼には、民衆も有力者も、俗人も聖職者も参加した。信仰も慈善も演劇的に、人の目を意識したパフォーマンスとしてほどこされ、家父長的パトロネージとして表現された。聖俗の有力者は、祭りや式典に参加しつつ民衆的エネルギーに取り入ろうとした。アンリ二世もエリザベス女王も、P・バークの言によれば「バイカルチュラル」な、二つの文化をまたぐルネサンス君主であった。力と色彩と対位法にあふれた時代に、バロックの建築・美術・音楽も開花した。

④—主権国家の角逐

近世後半のヨーロッパ諸国

現在の私たちの文明は、地球の歴史でいえば、氷期と氷期の間の「間氷期」に位置しているが、そのなかでも数百年から千年の単位で相対的に寒冷な「小氷期」と相対的に温暖な時期とが繰り返している。十七世紀は地球の歴史における小氷期にあたり、気候の寒冷化▲にともない、農業の凶作、疫病の流行、人口の減少などがみられた。例えば次頁上の表において、一六〇〇年と一七〇〇年の間にイベリア半島の人口は減少し、イタリア半島およびドイツ地域では人口がまったくふえていない。気候と人口だけでなく、財政、反乱から全地球におよぶ環境への悪影響も含めて、「十七世紀の危機」が議論されてきた。

十六世紀の成長・拡大局面においては放漫でも攻撃的な政治が成果を生んだが、十七世紀の停滞・緊縮局面においては、合理的な経営と規律によって限りある資源を生かす政治・経済・軍事がものをいう。十八世紀はまた長い成長・拡大局面であるが、そのさいにどこでも満遍《まんべん》なく富がゆきわたったのではない。

▼**気候の寒冷化**　アルプス氷河が延伸し、冬のテムズ川やエレスン海峡が氷結した。

●ヨーロッパの地域別人口推計

	イベリア半島	フランス	イタリア半島	ドイツ	ブリテン諸島
1500年	930万	1600万	1050万	1200万	440万
1600年	1130万	1900万	1330万	1500万	680万
1700年	1000万	2200万	1330万	1500万	930万
1800年	1460万	2940万	1810万	2450万	1590万
1900年	2400万	4070万	3390万	5640万	4160万
2000年	5030万	6110万	5770万	8220万	6330万

●近世ヨーロッパの小麦価格変動

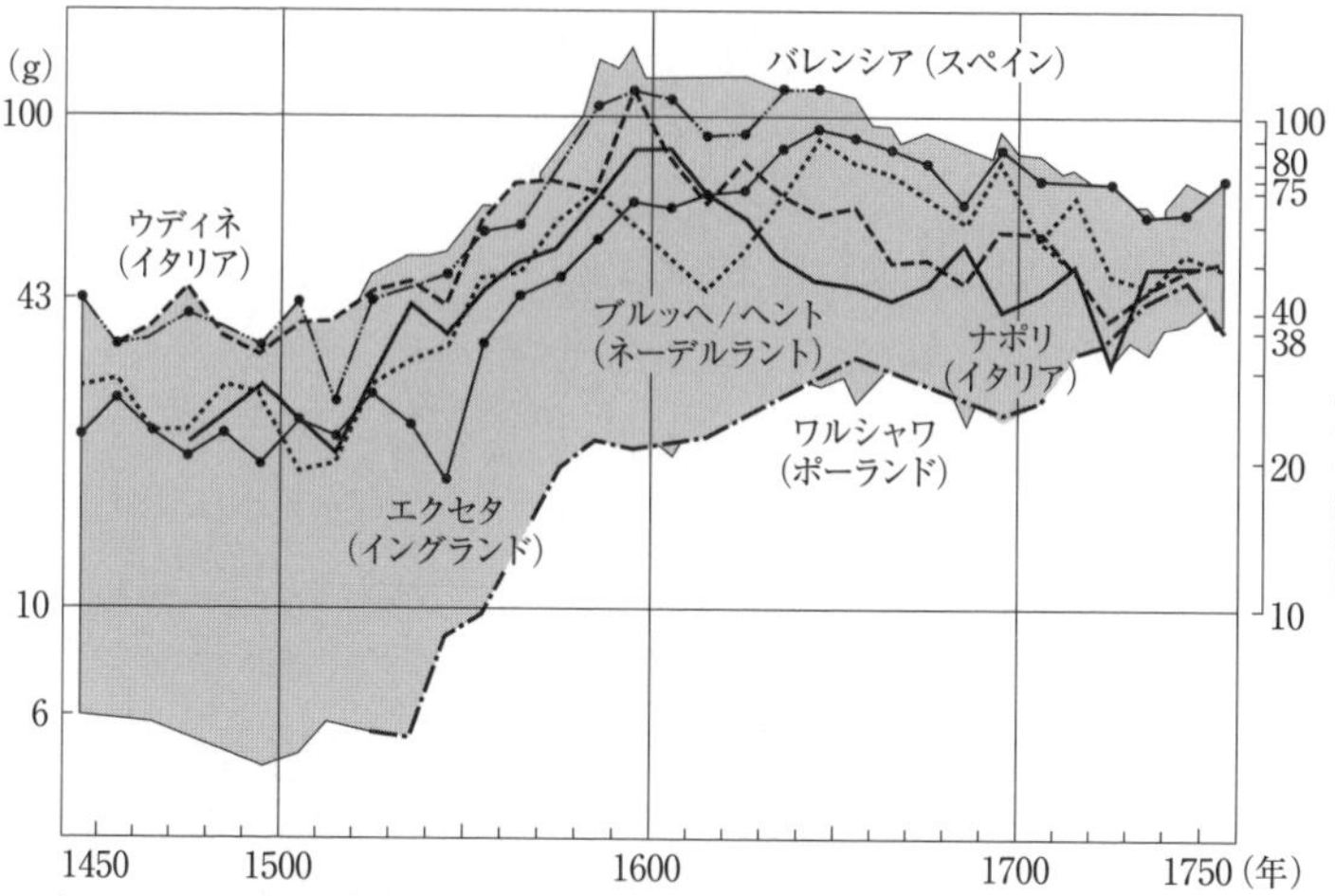

全ヨーロッパ54地点の小麦価格を集計したグラフ。さまざまの度量衡と貨幣単位を比較可能にするために，単位当り価格を銀の重量であらわし，対数目盛で示す。ヨーロッパの全小麦価格がグレーの帯のなかにあり，馬の肩から顔面を横から見たような形である。

ここからわかるのは，次のような点である。(1)全体の最高値の動きをみると，1590年頃が全期間の頂点をなし，以後，17世紀〜18世紀前半までなだらかに下がる。最低値は躍動的で，16世紀末までにいったん上げ止まるが，17世紀にゆっくり上がり下がりしたあと，18世紀には上昇して全体の収斂に向かう。16世紀は成長局面(好況)，18世紀は一つの市場圏に向かって収斂するという性格のはっきりした二つの世紀にはさまれて，17世紀は含みのある変化・転換が起こっているようだ。

(2)各時点の価格の幅について。中世末，15世紀後半に穀価は43グラムから6グラムの間でバラバラだった。16世紀のインフレーションにより最高値は143グラム，最低値は20グラムといった具合に各3〜4倍に高騰したが，最高値と最低値の差は約7倍のままで，価格幅は変わらない。17世紀に最高値はおだやかに下がり，18世紀前半に価格差は急に収束して，1750年に最高値75グラム，最低値38グラムで，差は2倍に満たない。商業やインフラの発達により，生活必需品である小麦の価格は平準化し，ほぼ一つのヨーロッパ市場圏に向かうと解釈される。

(3)地域パターンについて。各都市の価格ラインをみると，中世末から16世紀に高価格(好況)だったイタリア・スペインは17世紀に低迷する，もしくは数値がえられない。北フランス・オランダ・イングランドは中位から始まり，17世紀に相対的な位置を上げ，17世紀末からは高位(好況)を維持する。南欧と北西欧の価格ラインの交錯(好況地の移転)とは別の独自の動きをみせるのが，ポーランドなどバルト海方面の穀価である。つねにヨーロッパの最低値だが，16世紀半ばから快速で上昇し，全体の穀価を底上げし，広域経済システムへの統合を如実に示す。

十七世紀の「危機」、もしくは含みのある変化をどう教訓化し、国のかたちをどう定めたかにより、その後の各地域の軌道は異なってくる。

これとかさなるように、近世三〇〇年を前後に分ける政治的転換が十七世紀に認められる。その分水嶺は三十年戦争とウェストファリア条約、そして一六八五年から九年戦争▲にいたる経過である。近世後半にも王位継承や国境をめぐる紛争は続くが、西ヨーロッパの国際政治はウェストファリア体制を与件として勢力の均衡《バランス・オヴ・パワー》を原則とし、諸国はそれぞれ人材や資源を活用して政治的凝集力を高めた。あい変わらず放漫に栄光を追求したポルトガル・スペインは、一七〇〇年までに衰微するほかない。それと対照的に、とくにオランダ・フランス・イングランドの三国が、非ヨーロッパと積極的に関係しながら、またたがいに競いながら、特色ある強国となる。さらにこれ以後、オーストリア(ハプスブルク家)、プロイセン(ホーエンツォレルン家)、ロシア(ロマノフ家)の隆盛がきわだつ。

十六世紀から、広域ヨーロッパでも、アジア・アメリカとの間でも、さかんに人と物と情報が移動しまじわり、各地域の分業によって成り立つ「資本主義

▼九年戦争(一六八八〜九七年)　別名、ファルツ継承戦争、アウクスブルク同盟戦争、ウィリアム王戦争。ルイ十四世に反対する諸国とユグノー・ディアスポラの連携した戦いで、国際関係・戦略が大きく動いた(五九・六四・六八頁参照)。

▼資本主義の世界システム　一九六七年に藤瀬浩司が『近代ドイツ農業の形成』(御茶の水書房)で唱え、六九年の土地制度史学会大会(東京大学)が「資本主義世界体制」を共通論題として議論した。一九七四年にI・ウォラーステインが『近代世界システム』で展開して有名になった。

レンブラント（一六〇六～六九）
オランダに輸入された日本風の着物を妻サスキアに着せて、花の女神フローラを表現した。

フェルメール（一六三二～七五）
少女は「オリエント風」のターバン、真珠の耳飾りをまとう。

の世界システム」▲が出現した。十七世紀からは、この経済的変化が各主権国家の政策により、また相互の競合により、促進され、阻害される。以下では、ウェストファリア体制と資本主義システムを与件とした各国の動きに焦点を合わせて概観しよう。政治・軍事も経済も、オランダ・フランス・イングランドを中心に展開するが、経済の場合は中心が周辺に影響したというより、中心の需要に周辺が応答し、周辺の供給が中心を支えるという構造が形成された。

オランダ連邦の商業覇権

十七世紀ヨーロッパはネーデルラント（オランダ）をめぐって旋回した、といっても過言ではない。スペインは属州ネーデルラントと戦って負け、やがて衰退する。バルト海・北海沿岸はネーデルラントとの結びつきによって栄え、イングランドはアジアや北アメリカでオランダと競合して世紀半ばまでは劣勢であった。フランスの軍事も経済も、先進的なオランダを意識して構築された。

ネーデルラント連邦共和国の主権が公式に承認されたのは一六四八年だが、それ以前からこの国の人々は、商業、海運、金融で栄えていた。医学や法学や土木や兵法においても先進的であった。商人・都市貴族の成熟した社会で、コスモポリタンな傾向をもつ。宗教的に寛容なオランダには、プロテスタント各派ばかりでなく、ユダヤ人も定着した。連合東インド会社（VOC）は香辛料の供給がふえて価格が低落してからは、アジア内の中継貿易でもうけ、陶磁器や綿織物や染料をはじめとするアジアの物産を輸入して富裕な顧客の需要にこたえた。富裕層の都市住宅をかざったのは、アジア物産とともに、精確でいきいきとした室内装飾画、レンブラント、フェルメールなどの絵画であった。

日本の江戸幕府が唯一公式の交渉を続けた西洋の国はオランダである。ロシアの若きピョートル（大帝）▲が使節団とともに滞在して学んだのもオランダである。十七世紀オランダはアフリカ南端のケープ、アジアのジャワ・台湾・長崎、北アメリカのニューアムステルダムなどに拠点をもち、製造業、漁業、造船、海運、商業、軍事、そして出版と学問はヨーロッパ一の水準だったから、日本やロシアがとくにオランダを選び交渉したのは賢明だった。レイデン（ライデン）大学▲は、新しい学問の拠点となった。そもそもニュースを載せた新聞や定期刊行物は十七世紀オランダで始まったのである。

オランダ東インド会社

▼**ピョートル一世**（在位一六八二〜一七二五）　ロマノフ家のツァーリ。大北方戦争に勝利し、サンクト・ペテルブルクを建設し、元老院から皇帝（Imperator）の称号を贈られた。

▼**レイデン大学**　一五七五年創立。医学・アジア研究などの中心。

▼**ウィレム三世＝ウィリアム三世**（在位一六八九～一七〇二）　ステュアート家チャールズ一世の孫、オラニエ家の当主で、オランダの総督・軍司令官であった。同じくチャールズ一世の孫メアリと結婚、反フランス派としてユグノー人材と協力しつつ、九年戦争・名誉革命戦争を勝ち抜いた。一六八九年からウィリアム三世およびメアリ二世としてイングランドを共同統治。

一六五二～七四年に海洋国として宿命の英蘭戦争を繰り返していたオランダとイングランドであるが、一六八五年のナント王令廃止（ユグノー追放）、そして一六八八～八九年の「名誉革命」に乗じて、総督ウィレム三世＝ウィリアム三世▲は、フランスのルイ十四世に対抗するオランダとイングランドのプロテスタント同盟を実現した。これは近世ヨーロッパの国際関係史・戦略史における一大転換である。

だが、ウィレム三世の没後のオランダには強力な総督は出現せず、また地方や社団の力が優勢で、貴族的共和国の性格を強めた。人口規模も小さすぎた。強力な主権国家の間で覇の争われた十八世紀には、オランダの影響力は薄れていく。むしろ名誉革命＝九年戦争により形成されたプロテスタント同盟の成果を最大に享受したのはイングランド（一七〇七年以後はグレートブリテン）であり、オランダの人材もそちらへ流出した。以後のオランダは、金融や情報・出版とアート、消費文化といった分野では重要性を維持し、コスモポリタンな啓蒙の時代の一翼を担うことになる。

フランス王国の「絶対王政」？

フランス王国の人口は一六〇〇年頃に一九〇〇万、一七〇〇年頃に二二〇〇万。人口、人材、生産力ともにヨーロッパ随一。ユグノー戦争をおさめたブルボン家のアンリ四世、その子ルイ十三世と宰相リシュリュー枢機卿▲の才覚によって、着実にヨーロッパ政治の主導権を握った。

地政的にみると、フランスは、南は地中海とスペイン、イタリアに接し、ルネサンスの成果を十分に取り入れることができたが、北ではフランドルという緩衝《かんしょう》地帯を介して、オランダの知と経済と軍事力にどう対抗するかという宿命的課題をかかえていた。北と西は英仏海峡と大西洋に面し、海洋大国となる条件は備えていた。十七世紀フランスはイタリアとオランダから学びつつ、資源を理性的・組織的に活用していく。

リシュリューの政策の基本は、外交においてハプスブルク家とスペインを封じ込め、内政において貴族とユグノーを統制しつつ集権化することにあった。三十年戦争の後半には積極的に介入した。地方貴族を服従させるために、王直任の有力官僚、地方長官《アンタンダン》を派遣したのも彼である。陸軍でも海軍でも、貴族の

▼**リシュリュー**（一五八五～一六四二）
ルイ十三世の治世に、聖職の最高位、枢機卿に、また政権の中枢、宰相についた。文化を振興し、貴族やプロテスタント、民衆の力を削ぎ、ハプスブルク家と敵対した。

既得権益を取り上げて中央から統率しようとした。これに対する貴族および地方の不満は、一六四二〜四三年にリシュリューとルイ十三世があいついで没し、幼少のルイ十四世▲のためにマザランが宰相となったときに爆発した。一六四八年にはパリの高等法院を拠点に反乱した貴族(フロンド)が勝利し、これに前後して農民の反乱も続いた。だが結局、国内の混乱を収拾し、対外的にスペインをピレネー条約(一六五九年)により従えたのは、ブルボン王権であった。

一六六一年、マザランの死後、親政をとったルイ十四世は公務にエネルギッシュに取り組んだ。七時に起床、午前中に政務、午後は狩猟や乗馬、夜は演劇、音楽会などを精力的にこなして、十二時過ぎに就寝した。貴族のうちでも起床時および就寝時の王に寝室で親しく謁見できるのは、特別の寵愛《ちょうあい》を意味した。ルイ十四世はまた、あらゆる機会に壮麗な王権のプロパガンダを演出した。「一君・一法・一教」のフランス王国の頂点に神授の王権が位置し、ここから臣民各層に恩恵が降りそそぐ。「国家とは、朕のことなり」(L'État, c'est moi)。

アンシァン・レジーム(旧体制)のフランスは、かつて絶対王政の典型とされてきた。中世と違って王権が貴族や法によって左右されることなく、官僚制と

▼ルイ十四世(在位一六四三〜一七一五) ルイ十三世の子。親政は一六六一〜一七一五年。その姿は「ウェストファリアにおける「ヨーロッパ大戦舞踏会」の図にも描かれていた(四九頁参照)。

ブルボン家のフランス王

アンリ4世	1589-1610
ルイ13世	1610-43
ルイ14世	1643-1715(1661より親政)
ルイ15世	1715-74(1723より親政)
ルイ16世	1774-93(92年に王権停止，93年処刑)

全員ナバラ(ナヴァル)王をかねる。

▼**太陽王**　ギリシアの太陽神アポロにもたとえられたルイ十四世だが、成人して身長一六〇センチ。盛装し、一〇センチのハイヒール、一〇センチのウィグ(かつら)を身につけた。

▼**デカルト**(一五九六〜一六五〇)『方法叙説』はフランス人だが、フランス語で一六三七年刊。オランダ軍の将校でオランダに生活し、スウェーデンで没した。

常備軍を用いて封建特権や新興ブルジョワを圧倒する絶対的な専制というイメージである。だが、こうした「絶対主義」は実像というより、むしろ「太陽王」▲とその忠臣たちの理念か夢、あるいは近代人が過去を攻撃するためにつくりあげたフィクションにすぎない。近年の研究が明らかにしているとおり、ルイ十四世のもとのフランス王国は、歴史的な自由と特権を享受する中間団体(社団、二六頁参照)が否定されることなく層をなし、「社団的に編成された国家」であった。地方や身分の権益は没収するのではなく、王の権力と威光を高めるために許容し統合した。たしかに全国三部会は一六一四〜一五年を最後に一七八九年まで召集されなかったが、地方三部会は存続し、また高等法院は管区の立法・司法機関として機能し続けた。税制も全国均一ではなかったし、フランス語さえ、南部のオック語圏と北部のオイル語圏で異なっていた。

　十七世紀の古典主義とは、古典古代から学び、人文主義、ルネサンス、「イタリア化」(二〇頁参照)を継承するものだが、秩序・理性・明晰を強調して近世的・近代的である。一六三五年にアカデミー・フランセーズがリシュリューにより設立され、フランス語の合理的な規範を定めた。デカルト▲は「考える私」を主体にすえた哲学を打ち出した。「われ思考す。ゆえにわれあり」。また同時代のパスカル▲も「人は考える葦だ」と原稿に書きつけている。個人主義・合理(理性)主義のフランスが十七世紀に始まる。

だが、ヨーロッパ一に豊かな貴族社会を統括する王権の表象としては古典的均整だけでは不足で、豪華なダイナミズムが加味されねばならない。古典様式とバロック様式の合体したヴェルサイユ宮殿が一六六一～八二年に造営され、そこで日夜、貴族を束ねるルイ十四世の一挙手一投足、寵臣の序列が臣民の目にふれ、意味をもつことになった。

ルイ十四世の外交・軍事の基本は、北・東・南からのハプスブルク家の包囲網に対抗し、フランス王国に「本来の国境」を獲得し確保することにあった。治世はほとんど戦争に明け暮れて、しだいに国土はほぼ六角形に近いものとなった。戦争遂行のための財政は、財務総監コルベール▲の尽力により、重商主義(mercantilism)と課税によって支えられた。この重商主義とは、王権のイニシャティヴによる貿易収支の黒字を第一とする政策である。そのために産業促進、海運振興がめざされた。当初に想定されたライバルはスペイン、ハプスブルク

▼**パスカル**（一六二三～六二）『パンセ』は未完の著作の準備ノートであった。

▼**コルベール**（一六一九～八三）財務総監として保護関税、産業振興、官僚制、海軍を整備。

六角形のフランス（一六四三～一七一五年）

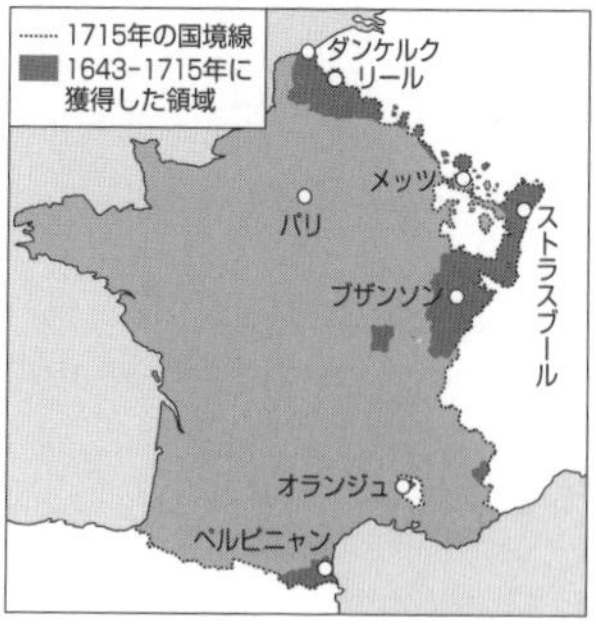

家、まもなくオランダであった。頼りないステュアート家のイングランド王国には、仮想敵国オランダの敵国として(カネも軍も女も)全面的に支援した。だが反面で、王妃の死後、熱心なローマ・カトリック、マントノン夫人の影響で、ルイ十四世は一六八五年に「ナント王令」(四二頁参照)を廃した。以後ユグノーは弾圧され、各界の有能な人材、約二〇万人が流出してしまう。カトリック教会のなかでもジャンセニスト▲の禁圧が続き、フランス国内における寛容の道は閉ざされた。逆に、ユグノーの避難したオランダ、プロイセン、イングランドは彼らを歓迎し、大きく利することになった(七三頁上地図参照)。

ファルツ選帝侯の継承権をめぐるアウクスブルク同盟戦争＝九年戦争(一六八八〜九七年)は、反フランスの立場から皇帝、ドイツ諸邦とオランダとイングランド、そしてユグノー・ディアスポラが参戦して、反ルイ十四世戦争、また名誉革命防衛戦争といった性格をおびた。これ以後、英・仏のいわゆる「第二次百年戦争▲」(一六八九〜一八一五年)が断続し、グローバルに戦われた。これはヨーロッパだけでなく世界の近代史の枠組みを決める一連の戦争となる。

▼ジャンセニスト　神学者ヤンセニウスの説により、神の恩寵、予定説を重視した。教皇庁とイエズス会はこれをカルヴァン派に近い異端として弾圧した。

▼第二次百年戦争　中世の百年戦争(一三三七〜一四五三年)にちなんでこういう。中世にはおもにフランスが戦場になったが、第二次百年戦争の戦場は、両国の外のヨーロッパおよび海外植民地だった。

ステュアート家のイングランド王

ジェイムズ１世	1603－25
チャールズ１世	1625－49
チャールズ２世	1660－85
ジェイムズ２世	1685－88
ウィリアム３世	1689－1702
メアリ２世	1689－94
アン	1702－14

全員スコットランド王，アイルランド王でもある。アンは1707年よりグレートブリテン王。

▼チャールズ一世（在位一六二五〜四九）　小心で繊細なチャールズは、自分と考えの違う人々との交渉をきらい、議会を敵にまわしてしまった。手前の子は将来のチャールズ二世。

イギリス三国の革命

十七世紀のイギリス（ブリテン）諸島にはイングランド、スコットランド、アイルランドという三つの王国があり、これをステュアート家（一六〇三〜一七一四年）の一人の王が家産として継承し、統治した。同君連合、今日の歴史学でいう「複合君主政」「礫岩のような国家」である。ところが、各地の利害や信仰の違いを柔軟に受け止められず、またカリスマ的威光も発揮できないまま、頭の固い国王チャールズ一世▲が新税を課し、教会を規制したので、イングランド・スコットランド・アイルランド三国の貴族も平民も、歴史的な社団の自由と特権を守るべく、王権と対峙した。国制の危機は、革命にいたる。

いわゆる「イギリス革命」「ピューリタン革命」について、これを「市民革命」「ブルジョワ革命」とした旧説に異議が申し立てられて久しい。じつは本国の歴史学では従来からこれを「内戦」あるいは「大反乱」と呼びならわしていた。また十八世紀のフランス革命、十九世紀の中欧や日本の革命、二十世紀のロシア革命を基準に、一六三九〜六〇年の経過と担い手がどれほどブルジョワ革命の要件を満たしていなかったかを論じても空しい。時代が違うのだ。

▼政治資産　これをJ・ポーコックは「マキァヴェッリ的契機」と名づけた。他の契機とともに十八世紀の啓蒙へとつながる。

▼三王国の革命　具体的な経過と論点は、近藤『イギリス史10講』一一四～一三五頁参照。

▼オリヴァ・クロムウェル（一五九九～一六五八）　ピューリタン地主出身の議員。軍と議会のリーダーシップを発揮し、共和国の「護国卿」についた。右手に剣、左手に聖書を持つ像が議事堂前に立つ。

むしろ、十八世紀の啓蒙以前、十七世紀という情況のなかでとらえなければならない。近世前半におけるサヴォナローラのフィレンツェ、再洗礼派のミュンスター、カルヴァンのジュネーヴにみられたような宗教的な都市の倫理革命、ネーデルラント独立運動やフランス宗教戦争中にみられた急進派と民衆の同盟、そして徳や公共善／国家をめぐる論議などの政治資産を総括するような位置に、十七世紀イギリス人はおかれていた。しかも三王国の危機が加わり、チャールズ一世にはそうした難題を処理する器量も備えもなかった。

　イギリス革命／ピューリタン革命とは、近世の宗教的倫理革命の最後でもっとも組織的なものであり、礫岩のような三王国においてピューリタン急進派がリーダーシップをとった、にわか作りの共和主義革命であった。一六四九年一月に国王裁判で有罪とされたチャールズを公開処刑したあとの三月に王制と貴族制を廃し、五月に「国民という最高権威によって統治される共和国にして自由な国家」を宣言した（一七九二～九三年のフランス革命中と順番が逆である）。

　軍人クロムウェルが、三王国の対立と宗派の錯綜した革命政治を強力に指導したが、その死後の政治は混迷した。イングランドがスコットランド、アイルランドと戦いながらこの歴史的実験に従事することができたのは、ヨーロッパ列強が三十年戦争および国内問題に忙殺されていたためである。島国という地理的条件も幸いした。

　生まじめで独善的なピューリタンに対する反感に支えられて一六六〇年に復古したチャールズ二世の治世(一六六〇～八五年)は、「愉快な君主」と呼ばれた彼の器量もあり、広く支持された。従弟《いとこ》ルイ十四世との親密な関係に支えられ、政治も文化▲も花開く。しかし、次のジェイムズ二世はせっかくの政治遺産を浪費した。政治センスのないカトリック君主ジェイムズは、国教会および議会に代表された「自由」すなわちプロテスタント権益を脅かしたので、一六八八年、トーリ・ホウィグの両派は一致してクーデタで彼を放逐した。

名誉革命と反ルイ十四世戦争

　かわってオランダ総督ウィレム(五九頁参照)と妃メアリが招聘《しょうへい》され、一六八九年初め、オランダ軍のロンドン制圧下に、貴族と平民からなる議会の代表する自由と権利が確認され、ウィリアムとメアリの共同統治する王権を議会の掣《せい》

▼**王政復古の文化**　例えば、ボイルやニュートンたちの知的な集いがチャールズ二世の肝入りで「王立協会」へと発展・改組され、イギリスにおける科学革命の重要な媒体となった。

ユグノーの亡命と名誉革命

1685	英でジェイムズ2世即位 仏でルイ14世，ナント王令を廃止（ユグノー亡命）
1688	諸国の対フランス九年戦争（～97）
	6月　名誉革命（クーデタ）の始まり 11月　総督ウィレムとオランダ軍が英上陸 12月　ジェイムズ2世亡命，フランスへ
1689	2月　権利の宣言，ウィリアム3世・メアリ2世即位， 寛容法，ロック『統治二論』，エディンバラで権利の要求
1690	アイルランドにジェイムズ2世上陸，反革命工作 ウィリアム3世軍に敗北
1692	グレンコーの虐殺，最初の国債発行，消費税
1694	イングランド銀行，国債引受け
1697	レイスウェイク条約，平時の最初の常備軍

ジョン・ブルの宮殿　政治漫画に描かれたイングランド国制は、三本の柱、真ん中の国王、左の議会貴族院(Lords)、右の議会庶民院(Commons)が支える。玉座を守るのは司法(正義)の女神と国教会の司祭。丸屋根の上に女神ブリタニアが立つ。

肘《ちゅう》のもとにおいた（権利の章典）。以後、議会は今にいたるまで毎年開催される。イングランド政治史としてだけみると、五〇年間の政治・宗教の激動をおさめたのは議会王政／立憲君主制で、近代憲政の原型がここに始まるわけだから、「めでたしめでたし」となろう。しかしヨーロッパ史としてみると、「名誉革命」（一六八八〜八九年）の意味はもっと大きい。

この革命のさなか、議会でプロテスタント非国教徒への寛容法が定められ、フランスからのユグノー人材が歓迎された。ちょうどルイ十四世の覇権に対抗して、対フランス戦線のアウクスブルク同盟戦争、すなわち九年戦争（一六八八〜九七年）が始まったばかりであった。英仏の関係は一六八八年までの同盟国から、八九年以降は敵国に転じた。名誉革命で追放されたジェイムズ二世はフランスに亡命したが、ルイ十四世に活《かつ》をいれられ、貸与されたカトリック軍勢とともにアイルランドに上陸し、イングランドへの再攻勢を企てた。だがこの反革命の企ては、ユグノー軍人たちとともに戦うウィリアム三世によって撃退された。名誉革命はイングランド憲政における無血クーデタでは終わらず、むしろプロテスタントによる有血の反ルイ十四世戦争の一環であった。

当選議員の凱旋（ホーガース画） 過熱した総選挙のあと、当選した議員が支持者の御輿に乗って街頭を行進する。激しい民衆文化と政党対立の真ん中で、当選議員は振り落とされそうだ。

戦時の緊迫感とともに「名誉革命体制」が確立するのだが、これは第一に、プロテスタント寛容と積極財政によって、人材と資金を動員する体制であり、第二に、全国そして帝国の各地各層からの請願を汲み上げ、議会での議論を踏まえて立法化する（あるいは法案を不成立とする）ことによって地方と中央の国民的コンセンサスを形成する体制であった。長引く戦費をまかなうための新税と国債、税務署とイングランド銀行、そして常備軍、これら「財政軍事国家」を担う制度がすべて議会での立法によって実現した。

議会の淵源は、ヨーロッパ諸国と同じく中世の身分制議会だったが、十八世紀までに議会王政／立憲君主制は国制（国のかたち）の柱石となっていた。イングランド議会は政府与党（宮廷派）と野党（地方派）に分かれて論議する政治エリートのクラブのような性格もあり、院外の誹謗《ひぼう》中傷まじりの言論や漫画、そして数年ごとの選挙によって政治社会は活性化した。新聞というメディアは十七世紀後半から成立していたが、日刊新聞の最初は一七〇二年である。選挙権のない民衆の実力行使も許容され、ホーガースが描くとおり、静穏とはかぎらず活気に満ちた社会であった。

一七〇七年、イングランドとスコットランドの合同により、グレートブリテン連合王国(イギリス)が成立した。さらに一七一四年にはプロテスタントのハノーファ選帝侯がジョージ一世▲として迎えられた。イギリスは、そもそも適度に広くまとまり、比較的平坦な国土に石炭や鉄鉱石など地下資源が豊かであり、水路も整備されて、農業・鉱工業・商業は順調に発達していた。先述のような名誉革命体制に海外進出という拍車が加わり、イギリスは他のヨーロッパ諸国とはきわだって異なる国のかたちで、成長の十八世紀に臨む。

中欧・北東欧

とはいえ、一七〇〇年頃のヨーロッパ人の目からみると、太陽王ルイ十四世のフランスが圧倒的な存在であり、統治の王道、理想の政治とみなされた。東方のオスマン帝国は一六八三年にウィーン攻囲を解いて退却し、その後も敗戦が続き、九八〜九九年、カルロヴィッツの国際会議において神聖ローマ帝国(ハプスブルク家)などとの間の講和に調印した。オスマン帝国がヨーロッパ諸国に対して敗北を認めたのは、これがはじめてである。カルロヴィッツの講和▲によ

▼ジョージ一世(在位一七一四〜二七) プロテスタント軍人であったジョージ一世は、フランスに対抗する北西欧プロテスタント枢軸を補強した。写真は即位を祝うメダルで、馬はハノーファ家のシンボル。その後ろ足はドイツ・ハノーファに、オランダをまたいで、前足はイギリス・ロンドンにかかる。

▼カルロヴィッツの講和 皇帝(ハプスブルク家)はポーランド＝リトアニア、ヴェネツィア、ロシアと神聖同盟を組み、オスマン帝国(ムスタファ二世)と戦って勝利した。オスマン帝国側にとっても、この敗戦は対外関係の転機となった。

り、バルカン半島・中東欧の多くの箇所がヨーロッパ側に帰し、近世前半の中欧のトラウマとなっていた「オスマン帝国の脅威」は消失した。

一七〇〇年前後からのヨーロッパの外交と戦争における新しい要素は、オーストリア(ハプスブルク家)、プロイセン(ホーエンツォレルン家)、ロシア(ロマノフ家)、スウェーデン(ヴァーサ/ファルツ家)▲である。中欧・北東欧では必ずしもフランスやイギリスのように王権や議会が国民を集約していたわけではない。領土は礫岩のように不均質な諸地方の複合、遠隔地の接合であった。またデンマーク、ロシアは別として、中欧・北東欧の諸国はヨーロッパ外に植民地をもっていなかったから、海外ではなく隣接する領土をめぐって直接に争った。

神聖ローマ帝国はかたちのうえで一八〇六年まで存続し、皇帝位はもっぱらハプスブルク家が保持したが、ドイツ諸邦が自立性を強めるのにともない、ハプスブルク家の関心は、おもに中欧のオーストリア、ボヘミア(ベーメン)、ハンガリー(マジャル)からなる家産領の統治に向かった。ハンガリー貴族の反乱など難題はあったが、複合君主政の集権化によって対応した。

北ドイツでは、十五世紀からブランデンブルク辺境領を領有したホーエンツ

▼**ヴァーサ/ファルツ家**　一五二三年からスウェーデン王はヴァーサ家が継承した。カール一〇世(在位一六五四～六〇)以降のファルツ家系への連続性を示す「ヴァーサ/ファルツ君主政」という表現がある。なお一五八七～一六六八年の間、ポーランド王にはヴァーサ家が選出されていた。バルト海地域も、礫岩のように編成されていた(七五頁参照)。

ォレルン家が、相続によって東プロイセンやポンメルンなどを獲得した。十七世紀にも領土は拡大し、東西に広く、遠隔の地方をどう統治するかが課題であった。官僚制と軍隊を樹立した大選帝侯フリードリヒ・ヴィルヘルムは地方貴族の身分制議会を制圧し、貴族は王権に服従するかぎりで行政官として取り立て、軍の将校も貴族の子弟からリクルートした。貴族は農場領主制《グーツヘルシャフト》により、農奴を使役して穀物などを生産し、西欧に輸出して莫大な富をえた。他方では一六八五年のナント王令廃止にただちに対応して、ユグノー・ディアスポラの軍人・工芸職人・出版関係者を歓迎し、免税・兵役免除の特典▲を与えた。

スペイン継承戦争（一七〇一〜一四年）に臨んで、選帝侯フリードリヒは軍隊を皇帝レオポルト一世のために提供し、報賞としてプロイセン国王の称号をえた。一七〇一年に成立した複合国家プロイセン王国▲は、一面では地方貴族《ユンカー》の農場領主経営とその子弟の支配する官僚制と軍隊による保守的で権威主義的な社会であったが、他面では最新の技能と洗練された文化を身につけたユグノーを厚遇した。東と西の異質な要素を組み込んだ複合国家を統治したのは、管理主義の内政《ポリツァイ》▲であった。「プロイセン絶対主義」というが、これも広くヨーロッパ

▼ユグノーへの特典　こうした特典による優遇の結果、一七〇三年ベルリンの人口三万七〇〇〇のうち五七〇〇人がユグノーであった。

▼プロイセン王国　ブランデンブルク選帝侯・プロイセン公であったフリードリヒがケーニヒスベルク（現カリーニングラード）で戴冠し、プロイセン王フリードリヒ一世（在位一七〇一〜一三）となった。

▼内政　Polizei.　ギリシアのポリス、英語の polite（気配りによる洗練）、police（治安、警察）にも関連する、ドイツ語とドイツ史のキーワード。

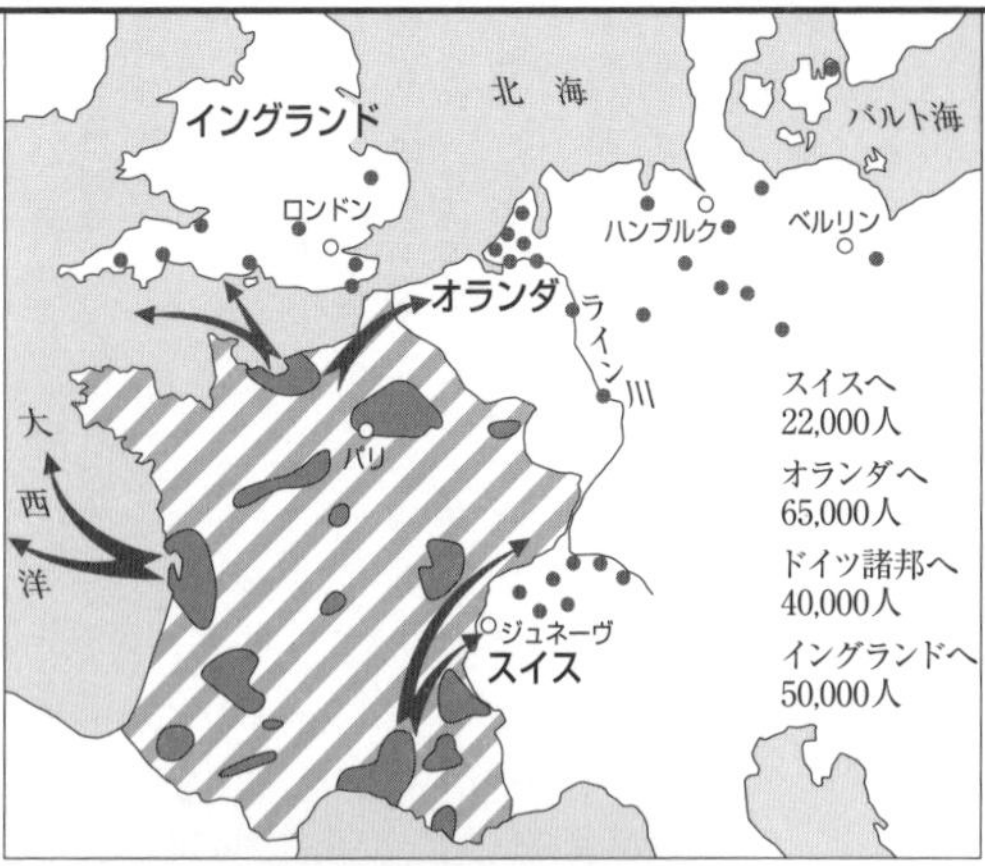

●フランス・ユグノーのおもな移住先

●フリードリヒ二世（在位一七四〇～八六）
サンスーシ宮殿における音楽会でフルートを演奏するフリードリヒ二世。

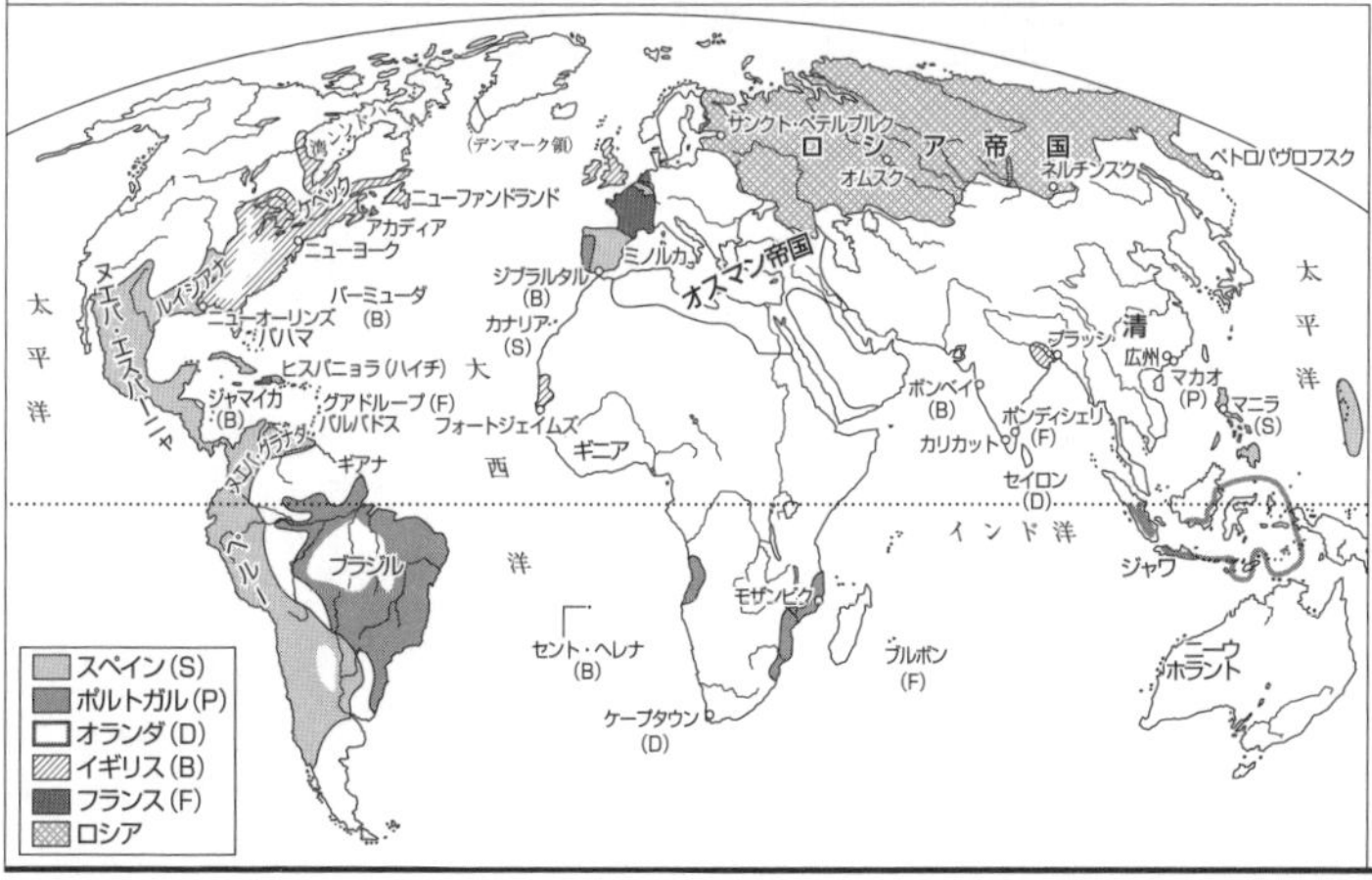

●一七六三年の世界

▼**J・S・バッハ**（一六八五〜一七五〇）　バロック音楽を集大成し、宗教曲の精神性、世俗曲の喜びを表現し、時代をこえる永遠の音楽を創作した。

▼**ヴォルテール**（一六九四〜一七七八）　フランス啓蒙を代表する思想家・歴史家・文筆家。イギリスやプロイセンにも滞在して、旧体制を批判した。

▼**開発独裁**　経済開発を第一とする独裁政治。現代のアジア・ラテンアメリカ・アフリカの強権的な国で、富国強兵とITを優先し、国民の自由・人権を軽んじる例。

にみられた王権と諸身分・諸地方の社団的編成のプロイセン版であった。

フリードリヒ二世（大王）は、父・軍人王の建設した軍隊を活用して、オーストリア継承戦争（一七四〇〜四八年）、七年戦争（一七五六〜六三年）に連勝し、またヴェルサイユに倣い、さらに優美なロココ様式でサンスーシ宮殿を建設した。一七四七年に完成したばかりのサンスーシにバッハ▲が来訪すると大王は特別に喜んで、「王の主題」を与えて即興のフーガを演奏させ、これがのちに『音楽の捧げもの』になるのであった。ヴォルテール▲もサンスーシ宮廷にまねかれて一七五〇年から三年間も居候し、王とともに哲学しつつ、『ルイ十四世の世紀』をベルリンで刊行した。フリードリヒ大王にとって「わが生涯の至福の日々」であった。「啓蒙専制」において権力と知と愉楽が合一していた。

啓蒙専制（啓蒙絶対主義）とは、現代の開発独裁▲にも通じる、専制国家の運営の本質ともいえる。最新の軍備を整え、最新の学芸・技術・情報に通じていなければ、西欧列強とも隣国とも太刀打ちできない。十八世紀のイギリス・フランス以外で統治する有能な君主は、啓蒙専制君主であるしかなかった。

スウェーデンはウェストファリア条約でバルト海の南岸・東岸およびドイツ

の主要三河川の河口に戦略的要地をえていた。では、「バルト海帝国」の名にもふさわしい大スウェーデンが、なぜ十八世紀半ばまでにヨーロッパ列強の覇権競争から脱落するのか。これは近世ヨーロッパ史の一つの謎である。

第一に考えられるのは、あの野心的なカール十二世▲が、ロシアおよびポーランド、デンマークに対して挑んだ大北方戦争▲（一七〇〇～二一年）に敗北し、国が軍事的・経済的に消耗したことである。スウェーデンはこれにより、バルト海東岸・南岸の領土のほとんどを失った。対するロシアのピョートル一世（五八頁参照）は念願のバルト海岸にサンクト・ペテルブルク市を建設し、ここを首都とする。プロイセンはポンメルンの一部をえた。だが、国王カールの無謀な挑戦というだけでは、スウェーデンの消耗は説明できない。

第二に、財政、それを支える国力が問題であった。スウェーデンの人口は小規模で、また穀倉地帯をもたなかった。豊かな鉱山、森林に恵まれてはいたが、これらが食糧生産および製造業をともなわないなら、国民経済の自立の要素とはならず、フランスやイギリスのような道をたどることはできない。

「バルト海帝国」

▼カール十二世（在位一六九七～一七一八）　ルイ十四世、ピョートル一世とも治世期がかさなるスウェーデン国王。デンマーク、ドイツ諸邦、ポーランド＝リトアニア、ロシアに遠征し、戦死した。

▼大北方戦争　バルト海岸全域に版図をもったスウェーデンと、ロシア・デンマーク・ドイツ諸邦が戦った。最終的にロシアが勝利し、北東欧の大国へと成長しはじめる。

外交革命と七年戦争

ヨーロッパ外交における国際対抗軸は一七五六年に大きく転換した。その契機の第一は、一六九九年、カルロヴィッツの講和以来の「オスマンの脅威」の消滅である。これにより、オーストリアの関心はヨーロッパ内へ、とくに中欧の家産領をかためることに向かった。マリア・テレジア（在位一七四〇〜八〇）とその子ヨーゼフ二世（在位一七六五〜九〇）の統治と財政の改革の効もあがった。オスマン帝国と戦い、大北方戦争でスウェーデンをくだしたロシアも、ヨーロッパ政治における存在感をましていた。

第二は、英・仏の事情、とくにイギリスの勢力伸張である。第二次百年戦争はヨーロッパの戦争であると同時に、海外における植民地争奪戦争であった。とりわけスペイン継承戦争後のユトレヒト条約で、フランス（ブルボン家）は大陸における既得権を確保し、オーストリア（ハプスブルク家）はイタリアとネーデルラントにおける旧スペイン領を獲得したのに対し、イギリスは西地中海の要衝ジブラルタルとミノルカを、そして北アメリカのニューファンドランド、アカディア、ハドソン湾を獲得した。イギリスはまたスペイン領アメリカへの

▼**マリア・テレジア**（一七一七〜八〇）　皇帝カール六世の長女。ハプスブルクの家産の不可分、女子の君主権相続のために奮闘したが、プロイセンに敗れた。夫の死後は長男ヨーゼフ二世と共同統治。

▼**財政の改革**　P・ディクソンはこれを「財政革命」と呼び、オーストリア、イングランドなど十八世紀列強におけるその同時性を指摘する。財政軍事国家論の一つの淵源でもある。

▼**ユトレヒト条約**　スペイン王位継承にかかわるフランス（ブルボン家）の覇権に反対する列強が利害むきだしに戦った戦争をおさめた、一七一三〜一四年の一連の条約。漁夫の利を占めたのはイギリスで、海外領土と利権を拡大した。

奴隷供給独占権《アシエント》もえた。スペインの凋落《ちょうらく》とイギリスの実益が明らかである。

第三は、新興のプロイセンとロシアの存在である。フリードリヒ二世は一七四〇年、即位するやいなや、女だという理由でマリア・テレジアのオーストリア継承権に反対して開戦し、シュレジエンに侵攻した。プロイセンとオーストリアの間の相克がこれから十九世紀後半まで続く。この隣接する新興の軍事国家を敵と認識したオーストリアは、プロイセンがイギリスに接近したので、一七五六年、仇敵フランスと同盟を結んだ。ロシア▲もプロイセンに対抗してオーストリアと同盟した。プロイセンのフリードリヒ二世は、オーストリア・フランス・ロシアを敵として開戦し、七年戦争（一七五六〜六三年）となった。

この一七五六年の「外交革命」により、一四七七年以来のハプスブルク家とフランス王家の宿命の対立（一〇頁参照）は収束し、新興のプロイセンとイギリスが接近し、ヨーロッパ外交の対抗軸は、かつてのパリ対ウィーンから「パリ＋ウィーン」対「ロンドン＋ベルリン」に転換した。ブルボン家とハプスブルク家の同盟をかためるように、一七七〇年には、ルイ十六世となるべき王子と、まだ十五歳のマリ・アントワネット▲の結婚が挙行された。オーストリアではヨ

▼ロシア　このあとエカチェリーナ二世（在位一七六二〜九六）のもと、ポーランドやクリミアにも領土を拡大した。またアリューシャン列島に漂着した大黒屋光太夫を援助し、一七九二年にはラスクマンを日本に派遣し、通商の可能性を追求した。

▼マリ・アントワネット（一七五五〜九三）　マリア・テレジアの末娘。国王夫妻はともにフランス革命中に処刑された。

ーゼフ二世の啓蒙専制が、社団の自由と貴族特権に対立することになる。

一七五六年より前から北アメリカでは英・仏が戦闘状態(フレンチ・インディアン戦争)にはいっていた。七年戦争においてヨーロッパ大陸は列強の苛烈《かれつ》な戦場となったが、むしろ世界史の観点からは、海外のインド、カリブ、北アメリカで、イギリスがフランス、スペインに対して決定的に勝利したことが重要である。一七六三年のパリ条約▲によって、北アメリカにあったフランスの植民地は消失し、かわってイギリスは一三植民地の外延、そしてカナダ、ルイジアナ、フロリダに広大な領土をえ、東西インド、西アフリカおよび西地中海における拠点を再確保し、十六世紀のスペインにもまさる「日の没することなき」世界帝国の礎《いしずえ》をかためた。このときから第二次世界大戦後までほぼ二〇〇年間、イギリスはグローバルな植民地帝国である。

なお一七六三年のパリ条約は、イギリスの優位の国際的承認を意味した。この意趣を返すべく、フランスは財政的無理をかさねながらもアメリカ独立戦争を全面支援し、まもなく自らの破局をまねくであろう。

▼**パリ条約**(一七六三年)　英・仏の第二次百年戦争における天王山ともいうべき七年戦争でイギリスは勝利し、北アメリカで旧フランス領のすべてを獲得し、インド(ベンガル)における橋頭堡をえた。戦費の負担は英・仏ともに重かった。改革と政治的合意の成否が、両国のその後の歴史を分けることになる。

⑤—啓蒙と産業革命

公共圏と啓蒙

十七世紀からオランダ、ついでフランス、イギリスで、物価や政局、戦争や海運のような実益にかかわる最新情報を伝えるニューズレター▲類が創刊された。十八世紀の定期刊行物（新聞・雑誌）は実益情報ばかりでなく、文学・演劇をめぐる評判、話題の新刊書や科学的発見、冒険譚などのダイジェストも掲載した。また他紙誌の記事も自由に「引用」された。こうした出版メディアはコーヒーハウス、クラブ、居酒屋に置かれ、顧客はこれらを参照しながら商売の話をしたのである。十八世紀の公共圏▲は商業的・文芸的・政治的であり、しばしばスキャンダル孕《はら》みであった。

また近隣の貧民・街路・ゴミ・防犯・消防・モラルといった問題をめぐって、任意の改良委員会が各地に生まれていた。これらは、有志からなる民間団体で、しかもイギリスの場合は立法手続きによって説明責任が保証された。

こうした公共圏の言説（世論）が、啓蒙を下から支えることになる。

▼ニューズレター　ニュース、情報を印刷した瓦版のような一枚物。はじめは不定期のことが多かった。

▼公共圏　中世・ルネサンスまで公共圏・公共性を占めていたのは王公貴族であった。一七・一八世紀からここに商業・文芸に従事する市民たちが進出し、活躍する。このことの意味を論じたのが、ハーバマスやブルーアである。

啓蒙(enlightenment)とは元来、理性の光による照明を意味し、ほとんど日本語の「文明開化」に相当する。一面では十五・十六世紀の人文主義、十七世紀の科学革命▲および合理主義を継承する十八世紀ヨーロッパの知であるが、他面でイスラーム、アジアなど非ヨーロッパ世界、異文化との接触によってえられた知でもある。拡大した世界の現在を、あらためて理解しなおそうとする企て、先端的な総合科学、そして身近な現実を批判する実学が、啓蒙であった。ただの主義や思想ではない。文通や出版、直接の交際によって、知的なネットワークがヨーロッパ中に、そして大西洋の向こうにも広がった。

啓蒙の代表といえるのは博物学である。これは自然史／誌とも訳されるが、生物・地質・地理・考古も含む自然界の総合学である。クック▲やバンクス▲は太平洋の探検航海に繰り出し、ビュフォンは『博物学』三六巻(一七四九〜八八年)を著した。博物学を公共の劇場のように演出したのは、植物園と博物館《ミュージアム》であった。植物園は薬学の発達とも密接にかかわる。スウェーデン人リンネ▲は各地の薬草園で研究し、二名分類法を確立した。一七五九年、ロンドンに開設された英国博物館《ブリティッシュ・ミュージアム》は、博物学の標本、考古学の遺物、古文書、図書からなる

▼**科学革命**　ガリレオ、ボイル、ニュートンなどは、思弁でなく観察・実験・数学により自然界の不思議を究明しようとした。彼らにより近代の物理学・化学・生理学などの基礎がすえられた。

▼**ジェイムズ・クック**(一七二八〜七九)　イギリスの海軍軍人。太平洋を北から南まで調査航海した。

▼**ジョセフ・バンクス**(一七四三〜一八二〇)　イギリスの探検家・博物学者。王立協会の会長を四〇年以上務めた。

▼**カール・フォン・リンネ**(一七〇七〜七八)　スウェーデンの植物学者。動植物の分類・命名に「二名法」を創始した。

知の殿堂で、また見学者たちのレジャー空間ともなった。やはり同年に開設された王立植物園も同様である。これに続きヨーロッパの各首都に、啓蒙の知と権力を象徴するように、博物館・美術館・図書館が開設される。

世界を合理的に理解しようとした渾身《こんしん》の総合科学としての啓蒙を代表する出版は『百科全書』である。十八世紀前半にイギリスで刊行され、ＡＢＣ順の項目を立てた『百科事典』二巻本を参照しつつ、その増補フランス語版をと考えたディドロ▲とダランベール▲の企画は、はるかに大きく包括的な体系として実現した。「科学、芸術、技能の合理的に編まれた事典」という副題をもつ『百科全書』は一七五一～七二年に計二八巻が刊行され、七六～八〇年にはさらに補遺と索引が続いた。こうした啓蒙の体系は、文明の中心、西ヨーロッパに集積すべき知の遠近法、すなわち近代の世界観を呈示するものであった。共通するのは、普遍的理性、批判、未来を楽観する進歩主義である。

七年戦争に勝利したイギリスは、植民地を領有するばかりでなく、バルト海、ロシア、オスマン帝国、インド、西アフリカ、南北アメリカを経済的に取り込みはじめる。だが、それと同時に、とりわけ帝国の要衝、北アメリカ、アイル

百科全書　第一巻のタイトルページと「日本のアルファベット」というページ。あゑいをう、はへひほふという順で、日本語を理解可能にしようと努めている。

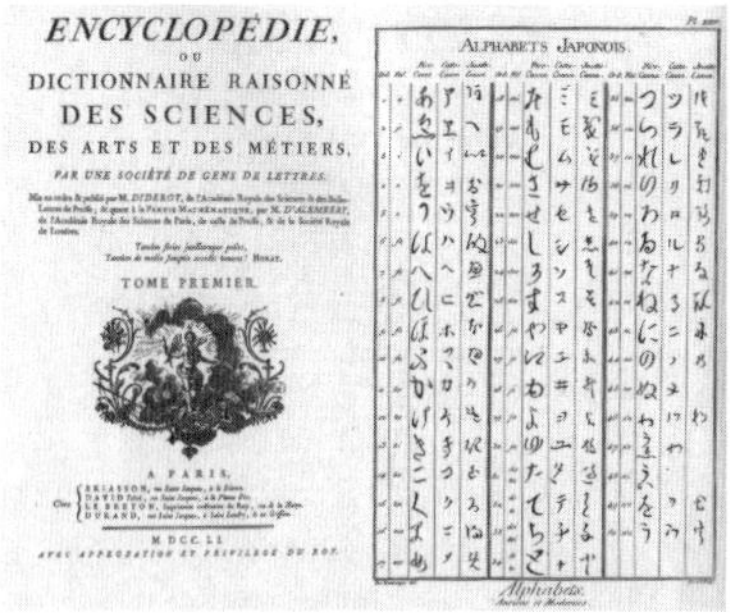

▼ディドロ（一七一三～八四）　啓蒙知識人・批評家。『百科全書』を編集刊行し、エカチェリーナ二世にまねかれてロシアへ赴いた。

▼ダランベール（一七一七～八三）　啓蒙知識人・数学者。『百科全書』を編集刊行。

▼**アメリカ独立戦争**(一七七五〜八三年)　アメリカ人を支援し、イギリスと戦うため、フランス、スペイン、そしてポーランド人のコシチューシコなどが参戦した。

ランド、ベンガルでは抵抗が本格化し、対策に苦慮することになる。

なかでも北アメリカの一三植民地におけるイギリス臣民たちは、例えばフランクリンやジェファソンのように、勤勉に働いて経済力をつけ、出版物や文通、そして直接のヨーロッパ往来によって啓蒙の空気を十分に呼吸してきた。七年戦争後のイギリスは新税を課したが、植民地臣民＝アメリカ人の実力行使と「代表なくして課税なし」という公論には無為無策であった。一七七六年の独立宣言はジョージ三世の「絶対的専制」を難じ、自らの抵抗の正当性を啓蒙ヨーロッパに向けて訴えた。独立戦争▲に勝利して、大西洋の向こうに出現したアメリカ合衆国は、啓蒙の申し子である。

貿易赤字と産業革命

近世のとくに後半の西欧には楽しく贅沢《ぜいたく》なものがあふれた。イタリア・フランス由来の絹織物やファッション、ワイン(葡萄酒)。ヨーロッパの外から舶来した砂糖、紅茶、陶磁器、タバコ、そして鮮やかな色彩・デザインの綿織物、東洋趣味の物語本、黒人の使用人。こうした富裕層の流行は、それをみた人々がまねて、需要が需要を呼び起こした。ロンドンに移住したオランダ人マンドヴィルの著した『蜂の寓話――私悪は公益』▲は、従来は悪徳とされていた贅沢、消費欲こそが、まわりまわって新しい需要を喚起し、世の中を活性化して公益になると説いて、教会人を憤激させつつ、版をかさねた。

こうした私悪と公益の弁証法、消費が呼び起こす有効需要、そして国民経済といった論点が生成途上の経済学の問題意識にのぼるのは、ようやく十八世紀後半、あるいはそれ以後のことである。ケネー▲は土地および農業問題への関心から『経済表』(一七五八年)で社会的再生産の過程を論じ、スミス▲はモラル哲学の一分野として『諸国民の富』(一七七六年)を著した。ともに重商主義の管理・干渉への批判であり、啓蒙の言説世界において「部分を全体の中で」理解しようとする企てであった。

さて、アジア由来の贅沢品のなかでも、軽く美しいインド更紗《サラサ》▲(図柄をプリントした綿織物)は富裕層に人気で、熱烈にむかえられた。キャラコとも呼ばれたこの高級品は、鮮やかな色彩とデザインで、しかも絹や毛織物と違って何度でも洗濯できた。これを各国の東インド会社が輸入したが、対貨として西欧か

▼『蜂の寓話』　私利私欲・虚栄心といった悪徳こそ、結果的に公共の利益になる、という衝撃的な真理を説いたこの書は、一七一四年に初版。近代経済学の早すぎる先駆ともいえる。

▼フランソワ・ケネー(一六九四～一七七四)　富の源泉を農業におき、再生産過程を考察して『経済表』を著した。

▼アダム・スミス(一七二三～九〇)　狭義の経済学が成立する前の啓蒙の社会哲学者であり、ルソーやケネーとも文通した。『道徳感情論』と『諸国民の富』の二著は、生前からよく読まれた。

▼インド更紗　ポンパドゥール夫人の絵(カバー裏写真)にも描かれているとおり、最高級の舶来更紗(キャラコ)をドレスに仕立て、裏地に絹をあて、袖・裾などにレースを施した。

日本製の陶磁器

大西洋三角貿易

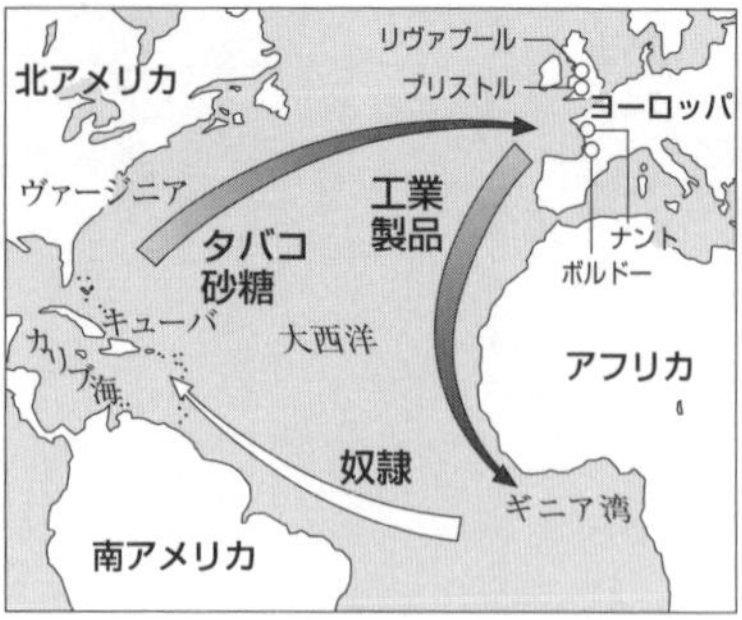

ら輸出できるものはなく、貿易赤字が昂進《こうしん》した。在来の高級織物業者にも大損害であった。十七世紀末から十八世紀前半のオランダ・フランス・イギリスで「キャラコ熱」が非難され、綿織物の反対デモや着用禁止法まであった。ほかにインディゴ、アカネなどの染料、中国・日本の美しい陶磁器などの輸入も続き、西欧諸国の貿易赤字はゆゆしき問題であった。

長い十八世紀の西欧諸国における貿易赤字対策▲には、(1)砂糖や紅茶やタバコについて、生産地を植民地にする、あるいは植民地で生産する。(2)インド更紗(綿織物)、染料、陶磁器は輸入品を模倣した代替品を国内で開発する。(3)ワインの生産地フランスやポルトガルとは通商条約を結ぶ、などがありえた。

砂糖はカリブの島々でつくり、タバコはヴァージニアで栽培した(茶の赤字は解決せず、のちのアヘン戦争の一原因となった)。綿織物や染料、陶磁器については、試行錯誤を繰り返しながら模倣品を試作した。ようやく十八世紀末までに一〇〇%コトンの綿織物を製造できるようになったのはイギリスのランカシャ州(マンチェスタ付近)とフランスのノルマンディ州(ルアン付近)であった。中国の磁器の模倣からさらに洗練されたデザインで陶磁器を製造し、積極的な宣伝・販売に打ってでたのは、バーミンガムの企業家ウェジウッドである。

　旧来の教科書では、イギリスの勤勉な人々による努力と発明の成果として一七六〇年代〜八〇年代にイギリスで産業革命が急発進したとされてきた。だが、そもそも産業革命の大前提には、積年の貿易赤字という必要（緊急の要）があり、またオランダ・フランス・イギリスの競争による促迫があった。「必要こそ発明の母」。ところが、オランダは国力の衰えが響いて早目に国際競争から脱落した。フランスではユグノーの流出、戦争による累積赤字、税負担の不公正で国民的コンセンサスが失われ、テュルゴ▲、カロンヌ▲、ネッケル▲など改革を唱えた官僚は、歴史的特権を掲げる貴族によって排除されてしまった。

　これらに対して、イギリスには名誉革命体制の財政と議会に加えて、工芸振興協会▲の助成、さらに未完成の綿模造品（不良品）は大西洋三角貿易で処分するといった秘策まであった。戦争の累積赤字は国債で切り抜けた。アメリカ一三植民地の離反、アイルランドとベンガルの問題を教訓としつつ、ピット▲首相は一七八三年から「経済改革」を推進した。これは徐行中の産業革命に対応すべき行財政改革でもあった。決定的なのは一七八六年の英仏通商条約である。

▼貿易赤字対策　近藤『イギリス史10講』一七〇〜一七四、一八六〜一九三頁参照。

▼テュルゴ（一七二七〜八一）　ルイ十六世の財務総監。自由主義改革を断行し、失脚。

▼カロンヌ（一七三四〜一八〇二）　ルイ十六世の財務総監。聖職者・貴族への課税を提案して失脚。

▼ネッケル（一七三二〜一八〇四）　二度にわたりルイ十六世の財務総監。一七八九年七月に罷免され、それが革命の口火になったとされる。

▼工芸振興協会　一七五四年創立の法人で、美術・農業・製造業・機械・化学・植民地貿易の開発プロジェクトや発明を助成し奨励した。

▼ウィリアム・ピット（一七五九〜一八〇六）　一七八三年、弱冠二十四歳でイギリスの首相。財政・行政改革、対フランス戦争の遂行に力をつくし、過労死した。スミスを愛読したリベラルである。

▼**フランスのワイン**(葡萄酒)　イギリスは二十世紀前半までボルドー・ワインの最大の輸入国であった。

この通商条約によりフランスはワイン▲の大販路をイギリスに確保したかわりに、イギリス工業製品に国内市場を明け渡し、まだ十分な力をつけていなかったノルマンディ綿工業に打撃を与えてしまった。それまで僅差で競っていた英・仏の製造業は、通商条約、続いて一七八九年からの革命政治によって、決定的に分岐する。フランスでは「貴族の反動」に続いて、一七九一年の「王家の逃亡」、翌年の開戦が破局をまねき、イギリスはピットの行財政改革とフランス革命＝ナポレオン戦争の勝利によって、世紀転換期の産業革命に一人勝ちすることになる。ちょうどユーラシア東西の運命が大きく分岐する先頭にイギリスは立ち、資本主義世界システムの利得をほとんど独占するだろう。

近世から近代へ

こうして十八世紀の最後の四半期までに近世のサイクルは一巡し、近代の要素がでそろうこととなった。近世から近代への転換は、英・仏の国内およびグローバルな領土で、二波にわたって鮮明になる。

まず一七七六年には、イギリス領の一三植民地が独立を宣言し、同年にペインの『コモンセンス』、スミスの『諸国民の富』、ベンサムの『統治論断片』が刊行され、パリでは『百科全書』の補遺がでた。このときすでにアークライトの水力紡績工場は稼働していた。フランスでは「小麦粉戦争▲」を鎮圧した直後だが、この年に財務総監テュルゴは解任され、改革は頓挫した。フランスを訪れたフランクリンの説得工作により、ラファイエトは反イギリス独立戦争への参戦を決めた。フランスに続きスペインも参戦する情勢のなか、アイルランドでは郷土を守る義勇軍が次々に結成され、ベンガルでは東インド会社が徴税を強化し、現地勢力と苦戦中であった。

ついで一七八九年には、マンチェスタで蒸気機関による綿紡績工場の運転が始まった。ランカシャ州ではすでに綿織物の捺染《なっせん》が軌道に乗っていた。アイルランドは成長と繁栄の局面にあり、プロテスタント地主グラタン▲のもと議会が独立性を享受していた。同年のパリではアンシァン・レジーム(旧体制)の破綻、国制の改革が声高に叫ばれていた。当初イギリスでは、フランスにおける改革▲の動きを百年遅れの「名誉革命」として歓迎する声もあったが、啓蒙の長女フランスにおける革命は立憲君主制にとどまることなく、急進化した。干渉戦争

▼小麦粉戦争　一七七四年テュルゴが穀物取引の自由化を発表したのに反対して翌年に起きた民衆騒擾。市場の自主管理などがみられた。

▼ヘンリ・グラタン(一七四六〜一八二〇)　アイルランド(ダブリン)議会の独立性を一七八二年に回復した。カトリック差別の撤廃にも尽力した。

▼フランスの改革(人権宣言)　一七八九年の人権宣言は「男の権利」宣言でしかないとして、メアリ・ウルストンクラフトは九二年に『女の権利の弁明』を公にした。

の緊迫のなか、山岳派▲の革命独裁にいたる。大西洋の向こうでは、アメリカ合衆国の憲法が各州により批准され、一七八九年、初代大統領にワシントンが就任した。フランス植民地だったハイチ(サンドマング)では一七九一年の黒人反乱に始まり、一八〇四年には共和国が宣言されるにいたる。「革命の時代▲」、不可逆の近代が到来したのである。

一五〇〇年頃のユーラシアの東西関係と一八〇〇年頃のそれとは、逆転していた。一八〇〇年のインドでは注文に応じて更紗を手工業生産していたが、イギリスの蒸気機関による綿織物の大量生産が本格化すると、かなわない。中国も日本も美しい陶磁器を西欧に輸出し続けたが、西欧も改良と工夫をかさねていた。オスマン帝国も清も江戸幕府も一八〇〇年にはまだ主権を脅かされることはなかったが、ムガル帝国はすでに虫食い状態だった。なにより自由と所有権、公論と代表議会、そして戦争と平和の「国際ルール」といった近世三〇〇年の資産を有するヨーロッパ人は自信満々であった。近代の西欧人は、もはや遠慮がちにアジア経済の隙間《すきま》でうごめくのでなく、政治・経済・軍事・文明における世界の覇者として振る舞う。その先頭にはイギリス人が立っていた。

▼山岳派　一七九三年夏〜九四年夏にジャコバン・クラブで多数を占め、国民公会を主導したロベスピエールやサン・ジュストなどの革命家たち。彼らはパリの民衆運動と連携し、ジロンド派を排除し、過激派も排除し、中央集権の共和国を守ろうとした。

▼革命の時代　歴史家E・ホブズボームの用語。*The Age of Revolution*(1962).「長い十九世紀のヨーロッパ史」三部作の第一巻である。

参考文献

青木康『議員が選挙区を選ぶ――十八世紀イギリスの議会政治』山川出版社　一九九七年
『岩波講座　世界歴史　第一六巻　主権国家と啓蒙』岩波書店　一九九九年
I・ウォーラーステイン（川北稔訳）『近代世界システム』岩波書店　一九八一年、名古屋大学出版会　一九九三・九七年
J・エリオット（藤田一成訳）『スペイン帝国の興亡　一四六九～一七一六』岩波書店　一九八二年
大沼保昭編『戦争と平和の法――フーゴー・グロティウスにおける戦争・平和・正義』東信堂　一九八七年
岡本隆司編『宗主権の世界史――東西アジアの近代と翻訳概念』名古屋大学出版会　二〇一四年
川北稔『工業化の歴史的前提――帝国とジェントルマン』岩波書店　一九八三年
岸本美緒『東アジアの「近世」』（世界史リブレット）山川出版社　一九九八年
近藤和彦『民のモラル――近世イギリスの社会と文化』山川出版社　一九九三年（ちくま学芸文庫　二〇一四年）
近藤和彦『イギリス史10講』岩波新書　二〇一三年
近藤和彦編『長い十八世紀のイギリス　その政治社会』山川出版社　二〇〇二年
近藤和彦編『ヨーロッパ史講義』山川出版社　二〇一五年
佐々木真『ルイ14世期の戦争と芸術――生みだされる王権のイメージ』作品社　二〇一六年
柴田三千雄『近代世界と民衆運動』岩波書店　一九八三年
新版世界各国史『スイス・ベネルクス史』、『イタリア史』　山川出版社　一九九八年、二〇〇八年

R・スクリブナー／C・ディクスン（森田安一訳）『ドイツ宗教改革』岩波書店　二〇〇九年
世界歴史大系『イギリス史』Ⅱ、『フランス史』Ⅱ、『ドイツ史』Ⅱ、『スペイン史』Ⅰ、『アイルランド史』　山川出版社　一九九〇年、一九九六年、一九九六年、二〇〇八年、二〇一八年
高澤紀恵『主権国家体制の成立』（世界史リブレット）山川出版社　一九九七年
立石博高編『スペイン帝国と複合君主政』昭和堂　二〇一八年
N・Z・デイヴィス（成瀬駒男ほか訳）『愚者の王国　異端の都市』平凡社　一九八七年
中澤達哉編『王のいる共和政――ジャコバン再考』岩波書店　二〇二二年
二宮宏之『フランス　アンシアン・レジーム論――社会的結合・権力秩序・叛乱』岩波書店　二〇〇七年
二宮素子『宮廷文化と民衆文化』（世界史リブレット）山川出版社　一九九九年
G・パーカー（大久保桂子訳）『長篠合戦の世界史――軍事革命の衝撃　一五〇〇～一八〇〇年』同文舘　一九九五年
P・バーク（中村賢二郎訳）『ヨーロッパの民衆文化』人文書院　一九八八年
服部春彦『フランス近代貿易の生成と展開』ミネルヴァ書房　一九九二年
羽田正『東インド会社とアジアの海』講談社　二〇〇七年
J・ハーバマス（細谷貞雄訳）『公共性の構造転換――市民社会の一カテゴリーについての探求』未來社　一九七三年
林佳世子『オスマン帝国の時代』（世界史リブレット）山川出版社　一九九七年
F・ハルトゥング／R・フィーアハウスほか（成瀬治編訳）『伝統社会と近代国家』岩波書店　一九八二年
『東アジア近現代通史』1・2　岩波書店　二〇一〇年

深沢克己『商人と更紗——近世フランス＝レヴァント貿易史研究』東京大学出版会　二〇〇七年
J・ブルーア（近藤和彦編）『スキャンダルと公共圏』山川出版社　二〇〇六年
J・プルースト（山本淳一訳）『16〜18世紀ヨーロッパ像——日本というプリズムを通して見る』岩波書店　一九九九年
古谷大輔・近藤和彦編『礫岩のようなヨーロッパ』山川出版社　二〇一六年
K・ポメランツ（川北稔監訳）『大分岐——中国、ヨーロッパ、近代世界経済の形成』名古屋大学出版会　二〇一五年
森田安一『ルターの首引き猫——木版画で読む宗教改革』山川出版社　一九九三年
弓削尚子『啓蒙の世紀と文明観』（世界史リブレット）山川出版社　二〇〇四年
歴史学研究会編『世界史史料』5・6・12　岩波書店　二〇〇七・一三年
F. Braudel and F. Spooner, Prices in Europe, in *Cambridge Economic History of Europe*, IV, Cambridge U. P., 1967.
R. J. W. Evans and P. Wilson (eds.), *The Holy Roman Empire 1495–1806*, Brill, 2012.
R. Friedeburg and J. Morrill (eds.), *Monarchy Transformed: Princes and their Elites in Western Europe*, Cambridge U. P., 2017.
J. N. D. Kelly, *Oxford Dictionary of Popes*, Oxford U. P., 1996.
H. G. Koenigsberger, G. L. Mosse and G. Q. Bowler, *Europe in the Sixteenth Century*, Longman, 1989.
R. R. Palmer, *The Age of the Democratic Revolution*, 2 vols., Princeton U. P., 1959–64.
G. Parker (ed.), *The Thirty Years' War*, Routledge, 1997.
J. Pocock, *The Machiavellian Moment: Florentine Political Thought and the Atlantic Republican Tradition*, Princeton U. P., 1975.
A. P. Wadsworth and J. Mann, *The Cotton Trade and Industrial Lancashire 1600–1780*, Manchester U. P., 1931.

図版出典一覧

Bayerische Staatsbibliothek, *Groß Europisch Kriegs Balet.* *49*
F. Braudel and D. Spooner, *Cambridge Economic History of Europe*, IV, Cambridge U. P., 1967 より著者作成 *55*
A. Burguière et J. Revel, *Histoire de la France: L'espace français*, Seuil, 1989 より作成 *10, 63*
M. C. Deurloo, *Zicht op de Nederlandse Stad*, Unieboek, 1981 より作成 *30*左
H. T. Dickinson, *Caricatures and the Constitution 1760-1832*, Chadwyck-Healey, 1986. *69*右
Encyclopédie, ou Dictionnaire raisonné des sciences, des arts et des métiers. 東京大学総合図書館蔵 *81*
R. Friedeburg and J. Morrill, *Monarchy Transformed*, Cambridge U. P., 2017. *52*
R. Hatton, *George I*, Yale U. P., 2001. *70*
入江幸二『スウェーデン絶対王政研究』知泉書館　2005 より作成 *75*
E. Le Roy Ladurie, *Histoire de France: L'état royal 1460-1610*, Hachette, 1988 より作成 *17*中
K. O. Morgan, *Young Oxford History of Britain and Ireland*, Oxford U. P., 1998. *34*左 , *65*
G. Parker, *Empire, War and Faith in Early Modern Europe*, Allen Lane, 2002. *37*
R. Paulson, *Hogarth's Graphic Works*, vol.2, Yale U. P., 1965. *69*左
M. Scudieri, *San Marco*, Scala Becocci, 1995. *17*下
M. Wiesner-Hanks, *Early Modern Europe 1450-1789*, Cambridge U. P., 2013. *28, 35*
Wikimedia Commons *7, 15, 16, 17*上 , *20, 29, 30*右 , *41*下 , *47, 57*右・左
public domain (Principaux lieux de refuge des Huguenots français) *73*上
香雪美術館提供 カバー表 , *39*
ユニフォトプレス提供 カバー裏 , 扉 , *14, 24, 32, 34,* 右 , *41* 上・中 , *53, 58, 62, 73* 中 , *84* 右
著者撮影 *66*

世界史リブレット 114

近世《きんせい》ヨーロッパ

2018年11月30日　1版1刷発行
2023年11月30日　1版3刷発行

著者：近藤和彦《こんどうかずひこ》

発行者：野澤武史

装幀者：菊地信義

発行所：株式会社 山川出版社

〒101-0047　東京都千代田区内神田1-13-13
電話　03-3293-8131(営業)　8134(編集)
https://www.yamakawa.co.jp/
振替　00120-9-43993

印刷所：明和印刷株式会社

製本所：株式会社 ブロケード

 ISBN978-4-634-34952-0
造本には十分注意しておりますが, 万一,
落丁本・乱丁本などがございましたら, 小社営業部宛にお送りください。
送料小社負担にてお取り替えいたします。
定価はカバーに表示してあります。